한국어 교육용 추측 표현

한국어 교육용 추측 표현

이상숙 지음

겠
은/는지
을까
을걸
은/는/을 것 같
은/는/을 듯하
은/는/을 모양이
은/는/을지 모르
을 것이
을 터이
은/는가 보
나 보
을까 보

역락

머리말

    추측은 양태의 한 범주로, 양태 표현 중에서 추측을 나타내는 표현이 가장 많을 정도로 한국어는 추측 표현이 매우 발달되어 있다. 추측은 명제/사태에 대한 화자의 심리적 태도를 나타내기 때문에 의사소통에서 매우 중요한 역할을 한다. 화자가 명제/사태에 대해 얼마만큼 확신하는지 또는 추측 표현의 화용적 기능을 얼마나 적절하게 이용하는지 등에 따라 의사소통 결과가 달라질 수 있기 때문이다. 특히 추측 표현은 완곡의 기능으로 자주 사용되기 때문에 화자와 청자의 관계에 아주 중요한 영향을 미친다.

    이런 점에서 한국어 교육에서도 추측 표현을 주요 문법으로 다루고 있지만, 한국어 교육에서 가지는 중요도에 비해 교육 현장에서 체계적으로 교육되지 못하고 있다. 그 원인으로 먼저 추측 표현의 의미와 용법의 복잡성을 들 수 있다. 한국어 추측 표현은 제약이 많고 여러 가지 자질이 복합적으로 연결되어 있어 의미를 명확하게 제시해 주기가 어렵다. 그렇기 때문에 한국어 학습자들에게 다양한 추측 표현들을 변별력 있게 제시해 주기가 더욱 어렵다.

또 다른 원인으로 추측 표현의 교육 방법을 들 수 있다. 추측 표현은 의미·화용적 특징이 중요한 표현임에도 불구하고 한국어 교육에서는 문형 중심으로 추측 표현을 교육하고 있다. 한국어 교육에서 의사소통 능력을 가장 중요시하면서도 한국어 문법 교육은 여전히 문형에 중심을 두고 있어 문법적 한계를 벗어나지 못하고 있다. 이러한 상황은 한국어 추측 표현 교육에서도 마찬가지이다. 추측 표현들을 상황에 맞게 사용할 수 있도록 추측 표현의 의미·화용적 특징이나 추측 표현 간의 차이를 중심으로 교육하기보다는 추측 표현들을 개별적으로 제시해 주고, 추측 표현의 형태 변화를 익히는 데 많은 시간을 할애하고 있다. 물론 추측 표현 간의 차이를 제대로 이해하기 위해서는 기본적으로 개별 표현들의 특성을 정확하게 이해해야 하지만, 교육적 효과를 가지기 위해서는 여기에서 한발 더 나아가 학습한 표현 문형을 실제 언어생활에서 사용할 수 있도록 틀을 제공해 주어야 한다.

필자는 한국어 추측 표현이 교육적으로 가지는 중요성과 더불어 현 교육의 문제점을 인식하고 한국어 교육에서 추측 표현을 보다 실제적이고 효과적으로 교육할 수 있는 방안에 대해서 살펴보았다. 이 책은 필자의 박사학위 논문을 수정·보완한 것으로 다음과 같이 구성하였다. 1장은 추측 표현을 전반적으로 이해하는 데에 초점을 두었다. 먼저 추측의 상위 범주인 양태의 개념과 범주를 살펴보고 이것을 바탕으로 추측 표현의 개념과 범주를 제시하였다. 2장은 한국어 교육용 추측 표현의 특성에 초점을 두었다. 한국어 교재와 말뭉치 분석 내용을 바탕으로 한국어 교육에 맞는 추측 표현 교수 항목을 선정하고 각 표현의 의미와 특성을 살펴보았다. 교수 항목으로 선정된 추측 표현들의 용법을 살펴봄으로써 각 추측 표현의 특성을 이해하고, 추측 표현을 교육할 때 중점을 두어야 할 부분을 이해할 수 있을 것이다. 마지막으로 3장은 추측 표현 교육 방안에 초점을 두었다. 한국어 교육용 추측 표현으로 선정된 항목들을 초급, 중급, 고급 단계로 분류하고, 추측 표현을 체계적이고 효과적으로 교육할 수 있도록 각 단계에 맞는 교육 내용 및 방안을 제시하였다. 부족하지만 이 책이 한국어 추측 표현을 이해하는 데 조금이마나 도움이 되었으면 한다.

이 책을 펴내면서 언어학자로서의 길을 갈 수 있도록 지도해 주시고 기다려주신 이필영 교수님, 한국어 교사로 첫 발을 내딛을 수 있도록 해 주신 이영숙 교수님, 이유미 교수님, 조성문 교수님께 진심으로 감사드린다. 그리고 출판의 값진 기회를 주신 역락출판사와 여러 상황을 배려해 주신 이태곤 이사님께 깊이 감사드린다.

2024년 5월
이상숙

차례

제1장
추측 표현의 이해

1. 양태의 범주

추측은 양태(modality)의 하위 부류인 인식 양태에 속하는 한 범주로 추측의 개념을 이해하기 위해서는 먼저 양태에 대해서 살펴볼 필요가 있다.

양태는 일반적으로 '명제에 대한 화자의 태도(Lyons 1977:452)'를 나타내는 것으로 정의된다. 그러나 박재연(2004)에서 지적한 것처럼 '명제에 대한 화자의 태도'라는 정의가 매우 광범위하여 양태라는 범주가 구체적으로 어디까지인지 분명하지 않다. 한동완(1996)에서는 '시제(tense)'와 '상(aspect)'도 화자의 인식이 개입된다는 점에서 모두 양태로 보았고, 이선웅(2001)에서는 주체높임법, 청자대우법, 문장 유형도 모두 '화자의 태도'를 나타내기 때문에 양태 범주에 포함된다고 하였다. 반면 박진호(2011)에서는 '양태'를 '시제'와 '상'과는 다른 범주로 보았다.

시제는 사태가 발생한 시간적 위치를 문법적 수단을 통해 나타내는 것으로[1] 기준점을 어디에 두느냐에 따라 시제가 달라질 수 있다. 시제는 사태/명제를 대상으로 하지만 화자의 태도를 나타내지 못하기 때문에 양태의 영역으로 볼 수 없다.

문장 유형은 종결어미가 결합해 문장의 종류를 나타내는 것으로 평서문, 의문문, 청유문, 명령문 등으로 구별된다. 화자가 청자에게 정보를 전달하거나 요구할 수도 있고, 또는 청자에게 행동을 요구할 수도 있는데 화자가 어떤 의도를 가지고 문장을 발화하느냐를 '명제에 대한 화자의 태도'로 볼 수도 있을 것이다. 그러나 문장 유형에서는 화자가 청자를 인식하고, 청자와의 관계를 중요하게 여기지만 양태에서는 화자의 태도에만 초점이 맞춰져 있다. 박진호(2011)에서는 이러한 특성을 두고 양태는 주관적이고 문장 유형은 상호주관적이라고 하였다. 따라서 문장 유형은 양태와 구별되는 범주이다.

주체높임법과 청자대우법 역시 대상에 대한 화자의 존대를 나타내는 점에서 '화자의 태도'라고 볼 수 있지만, 높임법은 명제나 사태에 대한 화자의 태도가 아니라 주체 또는 청자에 대한 태도이므로 양태로 볼 수 없다. 따라서 양태는 시제, 문장 유형, 높임법과는 범주가 다르다.

그러나 양태와 서법은 모두 '명제에 대한 화자의 태도'와 관련이 있기 때문에 이 두 범주를 명확하게 구분하기가 어렵다. 장경희(1998)는 '명제에 대한 화자의 태도'는 화자가 청자에게 명제를 전달하는 형식인 통보적 태도와 명제의 사실성을 화자의 주관적 관점에서 나타내는 인지적 태도로 구분되는데, 통보적 태도는 '서법' 범주에 해당하고 인지적 태도는 '양태' 범주에 해당한다고 보았다. 따라서 두 범주는 화자가 명제나 사태

---

1   박진호(2011:290), 「시제, 상, 양태」, 국어학회, 『국어학』 60.

를 대하는 태도의 성격이 다르다고 볼 수 있다.

서법은 일반적으로 어미로 실현되지만, 양태는 어미뿐만 아니라 우언적 구성으로도 실현되기 때문에 양태를 서법에 포함시킬 경우 기존 서법 체계가 달라져야 할 것이다. 양태와 서법의 범주에 공통으로 교차되는 영역이 있지만, 두 범주의 성격이 통사적 특성과 다르기 때문에 두 영역을 독립된 범주로 설정하는 것이 바람직하다.

한국어 양태는 어미와 우언적 구성에 의해 표현되는데, 선어말어미는 종결어미나 연결어미와 달리 문장 내에서 어떠한 통사적 기능을 담당하지 않고 명제를 한정하거나 수식하는 기능을 담당하기 때문에 양태를 나타내는 데 아주 적합한 문법 형식이다. 양태를 나타내는 대표적인 선어말어미에는 '-겠-, -으리-, -더-' 등이 있다.

앞에서 살펴본 것처럼 문장 유형은 양태와 구별되는 범주인데, 종결어미는 문장 유형을 나타내는 문법 형식이다. 따라서 기본적으로 종결어미는 양태를 나타낼 수 없다. 그러나 종결어미 중에서 부차적으로 양태 의미를 지니는 경우도 있는데 종결어미 '-지, -을까, -을걸' 등이 여기에 해당한다.

우언적 구성은 두 가지 이상의 요소가 결합해 통사적으로 하나의 구성을 이루어 문장에서 의미와 기능을 담당하는 것을 말하는데, 양태는 우언적 구성으로 활발하게 사용된다. 한국어 교육에서는 우언적 구성을 '관용 표현(장경희, 1995)', '표현 항목(이미혜, 2002)', '통어적 구문(백봉자, 2006)' 등으로 지칭하기도 한다.

엄녀(2009)는 양태 우언적 구성의 특성을 다음과 같이 제시하였다.[2]

첫째, 구성적 측면에서 우언적 구성은 분석 가능한 문법적 형태와 구성의 중심이 되는 자립 어휘소의 결합으로 되어 있는데, 예를 들어 '-을 것이-'에서 관형사형 어미 '-을'은 분석 가능한 문법적 형태이고, 의존 명사 '것'은 자립 어휘소이다.

둘째, 의미적 측면에서 우언적 구성은 고정된 의미를 가지고 있고, 여러 우언적 구성들이 동일한 의미를 나타낼 수 있다. 예를 들어 '-은/는/을 것 같-'은 추측의 의미를 나타내는 표현인데 '-은/는/을 듯하-, -은/는/을 듯싶-, -은/는/을 모양이-' 등도 동일하게 추측의 의미를 나타낸다.

셋째, 통사적 측면에서 우언적 구성은 문장 내에서 연결이나 종결 등의 통사적 기능을 가진다.

넷째, 화용적 측면에서 우언적 구성은 실제 담화 상황에서 거절이나 부탁, 명령 등의 화행 기능을 수행한다. 예를 들어 추측의 '-은/는/을 것 같-'은 추측의 기능 이외에 담화 상황에서 거절, 완곡의 기능으로 사용된다.

양태는 전통적으로 인식 양태(Epistemic Modality)와 의무 양태(Deontic Modality)로 분류되어 왔다. John Lyons(1977)는 인식 양태는 명제의 진리치에 대한 화자의 태도로, 명제에 대한 화자의 지식과 믿음의 정도를 나타내는 것이고, 의무 양태는 행위자의 행동에 대한 화자의 태도로, 허용이나 의무에 대한 화자의 태도를 나타내는 것이라고 하였다.[3]

최근 들어 이런 전통적 분류 방식에서 벗어나 다양한 방법과 기준으로

---

2   엄녀(2009)에서는 우언적 구성을 양태 표현으로 명명하였다.
3   이효정(2003), 『한국어 교육을 위한 양태 표현 연구』, 상명대학교 박사학위논문.

양태를 분류하고 있는데 여러 연구자의 양태 분류 방법을 살펴보면 다음과 같다.

- Bybee et al(1994) - 인식 양태 / 화자 중심 양태 / 행위자 중심 양태
- 김지은(1998) - 화자 중심 양태 / 주어 중심 양태
- Palmer(1979/1990) - 인식 양태 / 증거 양태 / 의무 양태 / 동적 양태
- 박병선(2000) - 인식 양태 / 당위 양태 / 감정 양태 / 증거 양태
- 박재연(2004) - 인식 양태 / 행위 양태
- 이지연(2018) - 인식 양태 / 사건 양태 / 평가 양태

김지은(1998)을 제외한 연구자 대부분은 공통으로 인식 양태를 하나의 독립된 영역으로 분류하고 있다. 그러나 그 이외의 영역은 연구자마다 차이가 난다.

인식 양태는 '명제의 확실성에 대한 화자의 판단 또는 믿음의 정도'를 나타내는 양태로 확실성, 개연성 등이 여기에 해당된다. 당위 양태는 의무나 허락을 나타내는 것으로 사태 발생의 책임 또는 권리가 사태에 관련된 특정인에게 있음을 나타낸다. 전통적으로 의무 양태의 개념이 여기에 해당한다. 동적 양태는 사태 발생 가능성이 사태에 관련된 특정인에게 있음을 나타내는 것으로 소망, 능력, 의도 등이 여기에 해당된다. 감정 양태는 사태에 대한 화자의 감정을 나타내는 것으로 걱정, 후회 등이 여기에 해당한다.

이처럼 양태는 판단 대상, 판단 주체 등 다양한 분류 기준에 따라 하위 영역을 분류할 수 있다. 이렇게 분류된 양태는 의미 기준을 적용해 양태

의 의미를 분석할 수 있는데 분석에 가장 많이 적용되는 기준은 판단 주체와 양태의 강도이다. 판단 주체는 양태 표현이 화자의 태도를 나타내지는지 또는 화자 이외의 태도를 나타내는지를 구분할 수 있는 기준으로 동일한 양태 표현이더라도 판단 주체가 다르게 나타날 수 있다.[4] 양태 강도는 명제와 사태에 대한 화자의 믿음 정도를 구분하는 기준으로 인식 양태, 의무 양태에 많이 적용된다.

한국어 양태를 의미 속성으로 분류하면 추측, 당연, 근접, 능력, 희망, 의도, 의지, 의무, 허용, 금지 등으로 분류할 수 있다.

2. 추측 표현의 범주

2.1. 추측 표현의 개념

추측은 인식 양태에 속하는 한 범주로, 추측의 사전적 의미는 '미래의 일에 대한 상상이나, 과거나 현재의 일에 대한 불확실한 판단을 표현하는 일'이다.[5] 사전적 의미에서 추측의 가장 중요한 의미 자질은 '불확실한 판단'이다.

---

4 손혜옥(2016)에서는 판단의 주체가 화자일 경우 '주관성', 그렇지 않을 경우 '객관성'으로 지칭하였다. 예를 들어 의무 양태에서 의무나 허락을 하는 주체가 화자일 경우 '주관적 의무 양태'로, 화자가 지시 대상에게 부여된 의무나 허락을 기술하는 경우는 '객관적 의무 양태'로 보았다.
　예) 가. 너는 내일까지 반드시 숙제를 끝내야 한다. (주관적 의무 양태)
　　　나. 학교는 모든 학생이 교복을 입어야 한다는 규칙을 만들었다.
　　　　　　　　　　　　　　　　　　　　　　　　　　　　(객관적 의무 양태)

5 표준국어대사전

인식 양태는 명제에 대한 화자의 태도와 명제에 대한 화자의 믿음 정도를 나타내는 것으로, 인식 양태의 하위 범주인 추측은 명제에 대한 화자의 불확실한 태도를 나타낸다. 인식 양태는 명제에 대한 화자의 믿음 정도(불확실함의 정도)에 따라 믿음이 가장 강한 '확연', 중간인 '개연' 그리고 믿음이 가장 약한 '막연'으로 나누어지는데 대부분의 추측 표현은 화자의 믿음 정도가 중간인 '개연'에 속한다.[6]

추측은 화자가 명제나 사태에 대해 불확실한 태도로 판단하는 것을 말하며 이것을 문법적인 요소로 나타낸 것을 추측 표현이라고 한다. 여기서 화자란 판단 주체를 나타내는 것으로 판단 주체는 화자, 청자 그리고 제삼자가 될 수 있다.

추측은 판단 주체의 불확실한 판단을 나타내기 때문에 확신의 정도가 가장 중요한 의미 자질이 된다. 화자가 사태에 대해 얼마나 확신을 하느냐에 따라 추측 표현은 확실성이 높은 표현 또는 확실성이 낮은 표현 등으로 구분될 수 있다.

그리고 판단의 근거 또한 추측 표현을 구성하는 중요한 자질 중의 하나이다. 추측은 화자의 판단을 나타내기 때문에 모든 추측 표현은 판단 근거를 가지고 있다.[7] 판단 근거가 문맥에 명확하게 드러나는 경우도 있지

---

6 강소영(2002)과 이지연(2018)에서는 확실성을 기준으로 인식 양태를 '확연, 당연, 개연' 또는 '막연, 개연, 확연'으로 나누었고 박재연(2004)에서는 여러 가지 기준을 적용해 다양한 측면에서 인식 양태의 하위 영역을 다음과 같이 나누었다.
   •정보의 확실성에 대한 판단 - 확실성, 개연성, 가능성
   •정보의 획득 방법 - 지각, 추론, 전언
   •정보의 내면화 정도 - 이미 앎, 새로 앎
   •청자 지식에 대한 화자의 가정 - 기지가정, 미지가정

만, 화자의 직관이나 느낌처럼 문맥 안에 드러나지 않는 경우도 있는데
화자의 직관이나 느낌도 화자가 가진 내재적 정보에 의한 것이므로 결국
화자의 직관도 판단의 근거가 된다. 판단 근거는 특성에 따라 '객관적,
주관적', '직접 경험, 간접 경험', 또는 '발화 현장의 경험, 과거의 경험'
등으로 나누어지고, 이것을 바탕으로 추측 표현 또한 분류될 수 있다.
이외에 추측 표현은 사태에 대한 화자의 태도, 판단 시점, 판단 주체, 주어
인칭 제약, 후행 결합 제약, 화용적 기능 등의 자질을 가지고 있다.

추측에 관한 연구에서 추측은 '짐작, 추정' 등의 용어로도 사용되는데
연구자에 따라 '추측, 짐작, 추정'의 의미를 구분하기도 한다. 그러나 '추
측, 짐작, 추정'은 모두 판단의 불확실성을 가지기 때문에 이 책에서는
이 개념들을 구분하지 않고 하나로 묶어 추측을 포괄적인 개념으로 사용
한다.

2.2. 추측 표현의 범주

추측은 어휘적인 요소, 문법적인 요소 그리고 우언적 구성으로[8] 나타나
는데 이 책에서는 문법적 기능을 하는 문법 요소와 우언적 구성만을 대상
으로 한다.

---

7   성기철(2007:184)은 모든 판단에는 근거가 전제되어야 하며 근거가 없는 판단은 허황
     한 무의미한 것이 된다고 보고 모든 추측 표현은 판단 근거를 가진다고 하였다.
8   도재학(2014)에서 우언적 구성을 단일 형식 대신 사용되는 긴 다단어 표현으로 정의하
     였는데 한국어에는 '-은/는/을 것 같-, -은/는/을 모양이-'와 같이 추측을 나타내는
     우언적 구성이 많다.

추측 표현 중에는 '-은/는/을 것 같-'과 같이 추측의 의미로만 사용되는 표현들도 있지만 '-겠-'이나 '-을 것이-'처럼 다양한 의미와 기능으로 사용되는 표현들도 있다. 한국어 문법·문형의 의미는 연구자에 따라 크게 다양한 의미와 기능을 모두 인정하는 견해와 하나의 기본 의미를 찾으려는 견해로 구분되는데 박재연(2004)에서는 전자를 종합적 견해, 후자를 분리적 견해로 지칭하였다.[9]

이 책은 한국어 학습자들이 한국어 추측 표현을 정확하게 이해하고 효과적으로 사용할 수 있도록 하는 데 목적이 있기 때문에 추측 표현들이 가지는 다양한 의미와 기능을 모두 개별 범주로 본다.

한국어 교육용 추측 표현에 대해서 본격적으로 살펴보기 전에 먼저 다양한 의미와 기능 중에서 어떤 것이 추측에 포함되는지 추측 표현 범주를 명확하게 할 필요가 있다. 따라서 다양한 의미와 기능을 가지는 추측 표현들을 중심으로 추측 용법과 비추측 용법을 구분하여 추측 표현 범주를 설정하도록 하겠다.

1) '-겠-'

'-겠-'은 다양한 의미와 기능을 나타내는 선어말어미로 '-을 것이-'와 마찬가지로 주어가 1인칭이고 동사와 결합하는 경우 화자의 의지나 의도를 나타낸다. 그러나 1인칭 주어가 동사와 결합한 경우라도 화자 자신의

---

9   추측 표현 '-겠-'의 의미 연구에서 신창순(1972)은 '추단', 이기용(1978)은 '추정', 한현종(1990)은 '추측', 장경희(1998)은 '사유'로 본 반면, 최현배(1937)는 '미래, 능력, 미룸', 나진석(1965)은 '의도, 추량, 서정수(1977)는 '의도, 추측', 임동훈(2001)은 '의도, 추측, 미래, 가능성·능력, 예정' 등으로 '-겠-'의 의미를 다양하게 보았다.

의지와 무관하게 결과가 달라질 수 있는 상황에 대해서는 짐작을 할 수 있다. 또한 미래 행동을 나타내더라도 당위성을 나타내는 표현 '-아/어/여야'가 동반하면 추측의 의미를 나타낸다. 당위성이라는 것은 화자의 주관적 판단으로 화자 자신도 100% 확신할 수 없으므로 화자의 불확실한 판단이 일어날 수 있기 때문이다.

  (1) 가. (저는) 이제부터 열심히 공부를 하겠습니다.
    나. 내일 이 시간쯤이면 (나는) 한국에 도착했겠다.
    다. 좋은 대학에 들어가려면 나도 열심히 공부해야겠다.

  (1)과 같이 '-겠-'이 가능성이나 능력을 나타내는 경우 추측 범주에 포함된다.[10] 가능성이나 능력의 의미도 결국 화자가 사태의 실현 가능성에 대해 불확실한 판단을 내리는 것이므로 추측의 의미에 포함된다고 볼 수 있다.

  (2) 그건 우리 아들도 하겠다.

  '-겠-'은 화자가 자신의 의견이나 생각을 나타내거나 상대방에게 요청이나 권유 등을 할 때 완곡한 표현으로도 사용된다. 완곡함을 나타내는 방법으로 크게 화자가 자신의 판단을 불확실하게 표현하여 청자의 체면

10　서정수(1996)에서는 '가능(또는 능력)'의 뜻도 추량의 한 경우로 간주될 수 있으므로 따로 내세우지 않는 것이 보통이라고 보았고, 오승은(2019)에서도 추측의 '-겠-'과 가능의 '-겠-'이 다르지 않으며 다만 담화 맥락에 따라 추측인지 가능인지 다르게 해석이 될 뿐이므로 가능의 의미는 추측의 의미의 하위 의미 영역으로 간주한다고 하였다.

손상을 줄이는 것과 상대방에게 공손하게 말하는 방법이 있는데 '-겠-'도 이러한 방법으로 완곡함을 나타낸다.

(3) 가. 이번 일은 김 선생님께 부탁드려야겠어요.
    나. 어머님, 내일 다시 오셔야겠어요.
    다. 여러분들도 이 책을 한번 읽어 보시면 좋겠습니다.
    라. 손님, 주문하시겠습니까?
    마. 여기 물 좀 주시겠어요?
    바. 잘 먹겠습니다.

위 (3)은 '-겠-'이 완곡한 표현으로 사용된 예로 (3가)~(3다)는 화자가 자신의 생각이나 의견을 나타낼 때, 또는 청자에게 요청이나 권유를 할 때 불확실한 듯 표현하여 청자의 부담을 덜어주기 위해 '-겠-'을 사용한 경우이고, (3라)~(3바)는 '-겠-'을 사용하여 상대방에게 공손하게 말하는 경우이다. (3가)~(3다)의 경우 실제로는 추측의 의미를 가지지 않지만 화자의 완곡한 태도를 나타내기 위해 불확실한 것처럼 표현하고 있기 때문에 추측으로 볼 수 있다. 반면 (3라)~(3바)는 공손하게 상대방에게 표현하거나 인사말로 쓰이는 경우로 완곡한 태도를 가지지만 화자의 불확실한 판단을 나타내는 것이 아니므로 추측으로 볼 수 없다.

용언 '좋다'의 경우 '-겠-'과의 쓰임이 매우 자연스러운데 크게 '사태에 대한 화자의 판단이나 의견을 말할 때', '화자의 희망이나 바람을 나타낼 때', '화자가 청자 또는 제삼자의 심리 상태를 나타낼 때'의 경우로 나누어 볼 수 있다. 사태에 대한 화자의 판단이나 의견을 말할 때는 '-으면 좋겠다, -았으면 좋겠다, -는 게 좋겠다' 형태로 사용되고, 화자의 희망이나 바람을 나타낼 때는 '-으면 좋겠다, -았으면 좋겠다' 형태로 사용된다. 그리고 화자가 청자 또는 제삼자의 심리 상태를 나타낼 때 '-아/어/여서 좋겠다, 좋겠다' 형태로 사용된다.

(4) 가. 제 생각에는 지금 출발하는 게 좋겠습니다.
나. 빨간색을 더 첨가했으면 좋겠습니다.
다. 내일 눈이 오면 좋겠다.
라. 나도 지애처럼 키가 컸으면 좋겠어.
마. ㄱ: 지애가 다음 달에 결혼한대.
ㄴ: 정말? 지애는 결혼해서 좋겠다.
바. ㄱ: 나는 다음 주부터 일주일 동안 휴가야.
ㄴ: 좋겠다. 나도 휴가 가고 싶어.

(4가)~(4나)는 '-겠-'이 화자의 판단이나 의견을 나타내는 경우이고 (4다)~(4라)는 화자의 희망이나 바람을 나타내는 경우이다. 그리고 (4마)~(4바)에서는 '-겠-'이 청자나 제삼자의 심리 상태를 나타내고 있다. 특히 '-으면 좋겠다'와 '-았으면 좋겠다'는 한국어 교육에서 희망 표현으로 다루고 있는데 화자의 희망이나 바람을 나타내면서 동시에 때로는 요청의 기능을 가지기도 한다.

'-으면 좋겠다, -았으면 좋겠다'는 '-으면'의 조건절과 '좋겠다'가 결합된 표현으로 '-겠-'을 생략하게 되면 '-으면 좋다'로 '조건이 좋다'의 의미가 되어 양태 의미를 가지지 못한다. 따라서 '-으면 좋겠다, -았으면 좋겠다'에서 선어말어미 '-겠-'이 가지는 의미와 기능이 중요하다고 볼 수 있다. '-으면 좋겠다'는 화자의 현재 희망이나 바람을 나타내지만, 이 희망이 미래의 한 시점에 실현되거나 완료된다면 기분이 '좋을 것이다'라고 화자가 실현되지 않은 사태에 대해 자신의 감정을 불확실하게 표현한 것이다. 따라서 이때의 '-겠-'도 추측의 범주에 포함된다.

또한 '-으면 좋겠다'는 화자의 직접적인 희망이나 바람을 나타내기도 하지만 동시에 상황에 따라 간접적인 요청, 부탁, 거절 등의 화행 기능을 가지기도 한다. 특히 공식적이고 격식적인 상황에서 요청 등의 화행 기능으로 자주 사용된다.[11] 화자의 요청을 다소 불분명하게 표현함으로써 청자의 기분을 최대한 상하지 않게 하는 공손한 화행을 수행하기 때문이다.

(5) 가. 여러분께서 한번 읽어 보시면 좋겠습니다.
나. 문을 좀 닫아 주셨으면 좋겠습니다.
다. ㄱ: 오늘 마치고 다 같이 밥 먹을까?
　　ㄴ: 오늘 너무 피곤해서 다음에 가면 좋겠는데.

(5가)와 (5나)처럼 '한번 읽어 보세요, 문을 닫아 주세요'라고 직접적으로 요청하는 것보다는 '한번 읽어 보시면 좋을 것 같습니다, 문을 닫아 주시면 좋을 것 같습니다'와 같이 불분명하게 표현함으로써 간접적으로 청자에게 완곡하게 요청할 수 있다. (5다)처럼 '-으면 좋겠다'가 거절 화행

11　김효진(2012)은 비격식적인 상황에서는 '-고 싶다'가 사용되고, 공식적인 상황에서는 '-았으면 좋겠다'와 '-았으면 하다'가 사용되는데 그 이유는 '-고 싶다'는 화자 자신의 개인적인 희망을 나타내고 단정적인 의미를 가지는 반면, '-았으면 좋겠다'와 '-았으면 하다'는 요청적 의미를 내포하고 있어 공손한 화행을 수행하기 때문이라고 보았다.

으로 사용될 때도 화자의 판단을 불분명하게 표현함으로써 청자의 체면 손상을 줄일 수 있다. 따라서 '좋겠다' 역시 추측으로 볼 수 있다.

'-겠-'은 화자가 다른 사람의 심리 상태를 추측하여 나타낼 때도 사용되는데 이때 화용적으로 공감의 기능을 가진다. 그리고 이때의 '-겠-'은 문맥에 따라 화자가 청자 또는 제삼자를 부러워하는 의미로 사용되기도 하지만 '-겠-'의 기본적인 의미는 추측이다.

또한 '-겠-'은 '알다, 모르다' 등과 같은 내적 지각을 나타내는 심리 동사와도 결합할 수 있는데 주어에 따라 '-겠-'의 의미가 다르게 나타난다.

> (6) 가. 이제 다른 사람들도 다 알겠지.
>   나. 만난 지 얼마 안 돼서 너도 지애에 대해서 아직 잘 모르겠다.
>   다. ㄱ: 내일 9시에 찾으러 오시면 돼요.
>   ㄴ: 네, 알겠습니다.
>   라. 근데 그렇게 효과가 있는지는 (나는) 잘 모르겠어.
>   마. ㄱ: 무슨 뜻인지 이해가 됐어?
>   ㄴ: 아니요, 아직 잘 모르겠습니다.

(6가)와 (6나)는 '-겠-'이 2, 3인칭 주어와 함께 쓰인 예이다. 이 경우 화자는 2, 3인칭의 내적 지각을 알 수 없기 때문에 '-겠-'은 추측의 의미를 나타낸다. 그러나 (6다)~(6마)와 같이 1인칭 주어와 사용되는 경우에는 추측의 의미로 보기 어렵다.

주어가 1인칭이고, '-겠-'이 '알다, 모르다, 죽다, 미치다' 등의 일부 용언과 결합하는 경우에 대해서 연구자마다 그 의미를 다양하게 해석하고 있다. 이필영(2012)에서는 '-겠-'이 1, 2인칭 주어의 내면적 상태를 나타내는 서술어 '알다, 모르다, 좋다, 죽다, 미치다' 등과 결합하는 경우 불확실성 자질보다는 감정 동반 자질이 더 크게 작용하는 것으로 보고 '-겠-'을 비추정으로 보았다. 박은정(2007)에서는 '-겠-'이 '죽다, 미치다' 등과 같은 용언과 결합하는 경우 추측이나 의도의 의미로 보기 어려우며 주어가 원하지 않는 상황에 처해 있음을 발화하는 순간에 '확인'하는 것으로 보았으며 '알다, 모르다'의 경우에는 그러한 상황이 가능함을 나타내는 '가능'으로 보았다.

박재연(2004)에서는 '-겠-'이 '알다'와 결합하는 경우 '개연성 판단'의 인식 양태적 용법(추측)과 '의도'의 행위 양태적 용법이 아닌 특수 용법 '기동상'적 의미를 가지는 것으로 보았으며 '별사람 다 보겠네, 처음 뵙겠습니다'의 예도 기동상을 표현한다고 보았다.[12] 반면 '미치다, 죽다, 돌겠다' 등과 결합한 경우와 '사과가 500원 되겠습니다'의 경우도 모두 추측으로 보았다.

위의 내용을 정리해 보면 '-겠-'이 주어가 1인칭이고 '알다, 모르다, 죽다, 미치다' 등의 심리 동사와 결합할 때 화자 자신의 현재(발화 순간) 심리 상태(내적 지각 상태나 그러한 상태에 처해 있음)를 나타내는데 이때의 '-겠-'은 추측의 의미를 가지지 않는다.

따라서 '-겠-'이 내면 상태를 나타내는 심리 용언과 결합할 때 주어가 1인칭이고 현재(발화 시점)의 내면 상태를 나타낼 때는 추측의 의미를 가지

---

12   박재연(2004)에서의 '기동상'이란 어떤 상태에 막 접어듦을 나타내는 것으로 '알겠다'의 경우는 '알게 되는 과정'에, '처음 뵙겠습니다'는 '뵙게 된 상태'로 막 접어들었음을 나타낸다.

지 않고, 주어가 2, 3인칭인 경우에만 추측의 의미를 가진다.[13]

다음으로 추측 표현 '-겠-'이 수사 의문문 형식으로 사용되는 경우를 살펴보도록 하자. 수사 의문문에서의 '-겠-'은 사태에 대한 화자의 판단을 불확실하게 나타내는 것이 아니라 오히려 반대로 화자의 판단을 확실하게 표현한다. 이혜용(2003)에서는 추측의 표현이 수사 의문문의 형식으로 사용될 때 추측의 의미를 상실하고 명백한 단정의 뜻으로 사용되는데 이것을 강세어법이라고 하였다.

(7) 가. 그 말은 내가 적합하지 않다는 말이 아니겠어요?
　　나. 얼마나 많은 일들이 있었겠어요?

위의 예문에서 (7가)는 화자가 '그 말은 내(화자)가 적합하지 않다는 뜻인 것 같아요'로 자신의 판단을 불분명하게 말하는 것이 아니라 '그 말의 뜻은 나(화자 자신)는 적합하지 않다는 의미이다'라는 화자의 판단을 단정적으로 확실하게 표현하여 화자의 판단을 강조하는 것으로 볼 수 있다. 따라서 '-겠-'이 수사 의문문 형식으로 사용될 때는 추측의 의미를 가지지 못한다.

13　2인칭 주어가 심리 동사 '알다, 모르다' 등과 결합할 경우 화자가 청자의 내적 지각 상태를 판단할 경우에는 추측의 의미를 나타내고, 청자의 내적 지각 상태를 확인하고자 물어보는 경우에는 추측의 의미를 가지지 않는다.
　　예) 가: 몇 번 해 봤으니까 너도 이제 어떻게 하는지 알겠다. (추측)
　　　　나: 지애야 아직도 잘 모르겠어? (비추측)

2) '-은/는/을지'와 '-은/는/을지 모르-'

한국어 문법서에서는 '-은/는/을지'[14]와 '-은/는/을지 모르-'를 개별 항목으로 다루기도 하고 '-은/는/을지' 안에 하위 항목으로 '-은/는/을지 모르-'를 다루기도 한다. 국립국어원 문법서(2007)에서는 사전 특성상 '-은지, -는지, -을지'를 구별하여 제시하고 있지만 기술 내용은 거의 동일하다. 막연한 의문, 강조, 막연한 이유나 상황, '-은/는/을지도 모르-' 구성으로 '추측'을 나타냄, '-은/는/을지 모르다' 구성으로 걱정을 나타냄, (종결형처럼 쓰여) '말하는 사람의 의문이나 감탄을 나타냄' 등으로 의미가 제시되어 있다.

이희자·이종희(2014) 역시 '-은지, -는지, -을지'를 구별하여 각각 제시하였는데 '-은지, -는지'는 막연한 의문 강조, 근거나 원인, (종결 어미처럼 쓰여) 말하는 사람의 의심이나 의문, 감탄을 나타내며, '-을지'는 가능성이나 추정, 의심이나 의문을 나타낸다고 제시되어 있다. 그리고 '-은/는/을지도 모르-'를 개별 항목으로 설정해 '-은/는지도 모르-'는 추측을 나타내고, '-을지도 모르-'는 가능성에 대한 스스로의 의문을 나타내는 것으로 '-은/는지도 모르-'와 '-을지도 모르-'의 의미를 다르게 제시하고 있다.

서상규 외(2007)에서는 '의문, 원인, 감탄, 몰라서 알고 싶어함'으로, 강현화 외(2016)에서는 '의문, 추측, 강조, 걱정, 완곡한 물음'으로 의미를 제시하였는데 기존 연구에서 제시한 의미들은 대략 '(막연한)의문, 근거나

---

14   한국어 문법서에는 사전 특성상 '-은지, -는지, -을지'를 각각 개별 항목으로 나누어 제시하고 있다. 그러나 이 책에서는 기술의 편의상 대표형으로 '-은/는/을지'로 통일하여 표기하기로 한다.

원인, 추측, 강조, 걱정, 의문(완곡한 물음), 감탄'으로 정리할 수 있다.

추측 표현 '-은/는/을지'의 의미적 특성을 살펴보기 위해서는 형태적 범주를 함께 살펴볼 필요가 있다. 왜냐하면 의미적 범주와 형태적 범주가 긴밀하게 연결되어 있어 추측 범주를 설정하는 데 도움이 되기 때문이다. '-은/는/을지' 형태적 범주에 대한 의견은 연구자마다 다르지만 대부분 내포절 어미, 연결어미, 종결어미로 보고 있다. '내포절 어미'라는 용어에 대해서도 연구자마다 의견이 다른데 이 책에서는 '-은/는지/을지'가 연결 문 또는 내포문에 사용된 경우인지, 문장 종결에 사용된 경우인지를 구분하기 위해 '내포절 어미'로 지칭하도록 하겠다.

이금희(2016)에서는 '-은/는지'를 내포문 어미, 연결어미, 종결어미로 보고 내포문 어미로 사용될 때는 의문을 나타내거나 추측, 놀람과 감탄의 정도를 나타내는 것으로 보았다. 그리고 '-은/는지'가 연결어미로 사용될 때는 후행절의 원인이나 근거 또는 후행절의 배경을 나타내는데 모두 화자의 불확실한 판단을 나타내므로 추측으로 보았다.[15] 종결어미의 경우 상대방에게 완곡한 의문을 나타내는 경우만 종결어미로 보고 감탄이나 자문을 나타내는 경우는 종결어미로 보지 않았다.[16] '-을지'는 '-은/는지' 와 거의 유사한 형태적, 의미적 특성을 가지는데 '-은/는지'는 발생 가능성이 높은 사건에 자주 사용되고 '-을지'는 가능성이 낮은 사건에 자주

---

15 이금희(2016)에서는 '-ㄴ지'를 대표형으로 삼았지만 '-은지, -는지'를 포괄하고 있다.
16 이금희(2016:59)는 자문하거나 감탄을 하는 상황에 쓰인 경우 '모르다' 동사를 삽입했을 때 문장의 의미 차이가 없기 때문에 이때 종결형은 아직 완전한 종결어미로 문법화된 것으로 보기 어렵다고 보았다.
예) 가. 난중에 들으니께 죽었다는 겨, 을매나 가슴이 미어지는지,
      나. 난중에 들으니께 죽었다는 겨. 을매나 가슴이 미어지는지 몰러.

사용된다고 의미 차이를 설명하였다.

장현균(2018)에서는 '-은/는/을지'를 명사형 어미, 연결어미, 종결어미로 나누었다. '-은/는지'[17]가 명사형 어미로 사용되는 경우 '의문', '추측', '강조'의 의미를 가지며, 연결어미로 사용되는 경우 선행절과 후행절의 인과 관계에 대한 '추측'의 의미를, 종결어미로 쓰이는 경우 '-는지요?' 형태로 상급자에게 정중하게 묻는 상황에서 사용된다고 하였다.

'-을지'의 경우 '-을지' 어미 자체가 가진 [-확신]이란 속성으로 인해 인과에 대한 추측의 의미로 문장을 접속하는 연결어미로서 기능하기 어렵다고 보았다. 이런 경우 '-으려는지, -을는지' 등과 같이 다른 어미나 구성이 이를 대신한다고 하였다. '-을지'가 명사형 어미로 쓰이는 경우 '의문', '가능성'의 의미를 가지며 종결어미로 사용되는 경우 '-은/는지'와 마찬가지로 정중한 물음을 표현할 때 사용된다고 보았다.

두 연구에서 나타난 것처럼 '-은/는/을지'가 종결어미로 사용될 때는 추측의 의미를 가지지 못하므로 종결어미 '-은/는/을지'는 추측 범주에서 제외한다. 따라서 추측과 관련이 있는 형태적 범주는 내포절 어미와 연결 어미이다. '-은/는/을지'가 내포절 어미로 사용되었는지 연결어미로 사용되었는지 알기 위해서는 격조사와의 결합 여부를 살펴보아야 하는데 내포절 어미일 경우 격조사와 결합이 가능하고 연결어미일 경우 결합이 불가능하다.

'-은/는/을지'가 연결어미로 사용되는 경우 일반적으로 선행절은 후행

---

17 장현균(2018)에서 '-는지'로 표기했으나 '-은지, -는지'를 포괄하고 있다. 이 책에서는 기술의 일관성을 위해 '-은/는지'로 표기하였다.

절의 원인이나 근거를 나타낸다.

   (8) 가. 두 사람이 싸웠는지 서로 말을 안 한다.
      나. 준이는 몸이 안 좋은지 하루 종일 침대에 누워있다.
      다. 감기가 {*올지/*올는지/오는지/오려는지} 몸이 으슬으슬하네요.

   (8)은 '-은/는/을지'가 연결어미로 사용된 예들이다. (8다)처럼 미래 사태를 나타내는 경우 '-을지'는 부자연스럽고 '-으려는지, -는지'가 오히려 자연스러운데 그것은 장현균(2019)에서 제시한 것처럼 '-을지'는 '-은/는지'에 비해서 발생 가능성이 떨어지므로 어떤 사태에 대한 원인이나 근거로 사용되기 어렵기 때문이다. 따라서 미래 사태를 나타낼 때는 발생 가능성을 조금 더 높이기 위해서 현재형 '-는지'로 사용되거나 곧 일어날 움직임이나 상태의 변화를 나타내는 어미 '-으려'와 결합해 '-으려는지' 형태로 사용된다.

   (9) 가. 누가 너와 결혼할지 고생깨나 하겠다.
      가'. 누가 너와 결혼할지 모르겠지만 (그 사람은) 고생깨나 하겠다.

   (9)의 예들은 얼핏 보기에는 '-을지'가 연결어미로 사용되는 것으로 볼 수도 있지만 (9가) 문장을 해석해 보면 (9가')로 해석되는 것을 볼 때 '-을지' 뒤에 '모르겠다' 생략되었음을 알 수 있다.[18]

---

18 어미·조사 사전(2014)에서도 '-ㄹ지' 설명에 '-ㄹ지' 뒤에 모르겠지만 정도의 단어가 생략된 채 연결어미처럼 쓰이는 것으로 보인다고 참고 설명을 덧붙이고 있다.

이상으로 '-은/는/을지'가 연결어미로 사용된 경우를 살펴보았다. '-은/는지'는 연결어미로 사용되어 후행절에 대한 화자의 불확실한 원인이나 이유를 나타내지만, '-을지'는 후행절에 대한 원인이나 이유를 나타내지 못한다. 따라서 추측 범주에는 연결어미로서 '-은/는지' 형태만 포함된다.

다음으로 '-은/는/을지'가 내포절 어미로 사용된 경우를 살펴보자.

(10) 가. 저는 아직까지 내일 모임에 누가 오는지 몰라요.
　　 나. 오늘 날씨가 얼마나 추운지 몰라요.
　　 다. 그 사람은 오늘 안 올지(도) 몰라요.
　　 라. 지애가 학교에서 잘하고 있는지 모르겠어요.

예문 (10)은 '-은/는/을지'가 내포절 어미로 사용된 경우로 의문, 추측, 강조, 감탄, 걱정 등의 의미를 나타낸다. (10나)는 '-은/는/을지'가 강조의 의미로 사용된 경우로 이 경우에는 화자의 불확실한 판단을 나타내지 못하므로 추측으로 볼 수 없다.

(10가)에서는 '-은/는/을지'가 (막연한) 의문의 의미를 나타내고 있다. 한국어 문법서와 국어사전에서 '-은/는/을지'의 기본 의미를 '의문'으로 제시하고 있다.[19] (막연한) 의문을 나타내는 '-은/는/을지'는 인지 상태를 나타내는 용언들과 결합하는데 용언의 의미에 따라 문맥의 의미가 달라진다. (10가)처럼 '모르다, 궁금하다'와 같이 '어떤 일에 대해 정보를 갖고 있지 않다'라는 의미의 용언이 오면 '-은/는/을지'는 화자가 의문이 나는

19　내포문에서 가지는 '의문'이라는 의미 용어에 대해서 논의가 필요해 보인다. 왜냐하면 다른 의문형 어미들이 가지는 '의문'의 의미와는 조금 차이가 있기 때문이다.

사항에 대한 정보가 없음을 나타내고, 반대로 (10나)처럼 '알다'가 오면 '-은/는/을지'는 명제에 대해 화자가 정보나 지식을 가지고 있음을 나타낸다.

'-은/는/을지'가 (막연한) 의문의 의미로 사용될 때는 내포문에 명제에 대한 화자의 불확실한 판단이 나타나지 않기 때문에 추측으로 볼 수 없다.

> (11) 가. {나는/철수는} 내일 누가 오는지 {모른다/궁금하다}.
> 나. {나는/철수는} 내일 누가 오는지를 안다.

'-은/는/을지'는 내포문에서 '-은/는/을지 모르-' 구성일 때만 추측의 의미를 가진다. 추측 표현 '-은/는/을지 모르-'는 어미 '-은/는/을지'와 용언 '모르다'가 결합하여 문법화 과정을 거쳐 화자의 불확실한 판단을 나타내는 양태 표현이 된 것으로 볼 수 있다. '-은/는/을지'가 '모르다'와 분리될 경우 추측이라는 양태 기능을 상실하게 되므로 다른 서술어로 교체될 수 없고, '-은/는/을지'에 격조사도 결합될 수 없다.

일부 연구에서 (10라)의 '-은/는/을지 모르-'가 걱정의 의미를 나타내는 것으로 보기도 하는데 이 걱정은 '-은/는/을지 모르-'가 가지는 중심의미가 아니라 문맥상에서 나타나는 부가적인 의미로 볼 수 있다. (10라)의 화자는 내포문의 주어가 학교생활을 잘하기 바라는 마음이 있지만 내포문의 주어가 잘하고 있을 것이라는 판단에 대한 확신이 없기 때문에 문맥상에서 걱정의 의미로 나타나게 된다.

이상으로 '-은/는/을지'에 대해서 살펴보았다. '-은/는/을지'는 '-은/는/을지 모르-'와 '-은/는/을지' 형태로 추측의 의미를 나타내는데 이 책에서는 이 두 추측 표현을 분리하여 각각 개별 항목으로 보도록 하겠다. '-은/는/을지'가 내포절에 사용되는 경우에는 추측의 의미를 가지지 못하므로 연결어미로서의 '-은/는/을지'만 추측 범주에 포함된다. 단, '-을지' 형태는 연결어미로 사용되지 않지 않으므로 '-은/는지'만을 추측 형태로 삼는다.

3) '-을까'

'-을까'는 의문형 종결어미로 추측과 의지의 의미를 모두 나타낸다.

박종갑(1986)은 '의문'의 의미 기능을 '의문 제기'와 '질문'으로 나누고 '질문'은 청자에게 응답의 의무를 부과하는, 즉 묻는 기능을 가리키는 것이고 '의문 제기'는 화자가 자신이 모르거나 불확실하게 알고 있는 사실이나 판단, 또는 의심스러워하는 사실 등에 의문을 제시하는 기능을 가리키는 것으로 상대방의 응답을 유도하는 것일 수도 있고 수사학적인 효과를 위해 의문을 제기하는 것일 수도 있다고 보았다. 그러나 실제로 '질문'과 '의문 제기'를 구분하기란 쉽지 않지 않다.

박재연(2004)에서는 '-을까'가 화자의 의심이나 추측을 나타낸다는 기존의 기술은 정확하지 않다고 보았다. 의심이나 추측은 그 대상이 되는 명제가 내용상으로 완성되어야 성립하는 행위인데 '-을까'는 의문형 어미로 의심이나 추측 등의 화자 판단을 나타내지 못한다. 따라서 '-을까'에서 느껴지는 의심이나 추측은 화자가 아닌 청자의 판단으로 '-을까'를 청자의 추측 판단을 묻는 어미로 보았다.

두 논의를 종합해 보면 '-을까'는 다른 추측 표현들과 달리 화자가 아닌 청자의 추측 판단을 요구한다. 청자의 추측 판단이 가능한 상황 즉, 화자의 질문에 청자가 추측하며 대답이 가능한 상황은 모두 추측 범주에 포함된다. 이때 청자는 특정인일 수도 있고, 화자 자신일 수도 있고, 특정되지 않은 청자일 수도 있다.

그러나 논문이나 신문기사 등에서 주위 환기 목적으로 '-을까'가 사용된 경우에는 청자의 추측 판단이 필요하지 않으므로 추측을 나타내지 않는다. 그리고 화자의 판단을 강조하는 수사 의문문, 화자의 행위에 대한 청자의 의견을 묻는 경우에도 추측의 의미를 가지지 않는다.

(12) 가. 어떻게 저런 말을 할 수 있을까?

나. 내가 이 문제를 잘 해결할 수 있을까?

다. 사랑이란 무엇일까?

라. 제가 창문을 열까요?

위 (12)에서 살펴본 것처럼 '-을까'는 일반적으로 청자의 추측 판단을 요구할 때 사용되지만 다음과 같은 경우에는 '-을까'도 화자의 불분명한 판단을 나타낼 수 있다.

(13) 가. 글쎄, 뭐랄까 좀 어색하다고 해야 하나?

나. 도시가 되게 깨끗하달까?

다. 지금 출발하는 게 낫지 않을까?

라. 부모님이 싫어하시지 않을까?

(13가)와 (13나)는 '-다고(냐) 할까?' 형식으로 바꿀 수 있는데, 이때 '-을

까'는 화자의 불분명한 판단을 나타낸다. 예를 들어 '여행한 도시가 어땠어?'라는 질문에 대해 화자가 명확하게 대답할 수 없을 때 '-을까'를 사용해 화자의 판단을 불분명하게 나타낼 수 있다.

(13다)와 (13라)는 '-을까'가 '-지 않다'와 결합하여 '-지 않을까?' 형태로 사용되어 '지금 출발하는 게 나을 것 같다', '부모님이 싫어하실 것 같다'라는 화자의 판단을 청자에게 물어보는 형태로 사용하였다. 만약 '지금 출발하는 게 나을까?'로 사용하면 이것은 온전히 화자가 청자의 판단을 요구하는 질문으로 화자의 판단이 드러나지 않지만 '지금 출발하는 게 낫지 않을까?' 형태로 사용하면 이것은 '지금 출발하는 게 좋을 것 같다'라는 화자의 추측 판단을 표현한다고 볼 수 있다.

따라서 '-을까'가 '-다고(나) 할까?', '-지 않을까?' 형태로 사용되는 경우에는 화자의 판단을 불분명하게 나타내므로 추측의 범주에 포함될 수 있다.

4) '-을걸'

'-을걸'은 후회와 추측의 의미를 나타내는 표현이다. '-을걸'이 후회의 의미로 사용되는 경우에는 화자 자신이 과거에 이루지 못한 행동에 대한 후회를 나타내므로 1인칭 주어가 동사와 결합할 때만 가능하다. 이때 일반적으로 '-을걸'의 억양을 내려 사용한다. 반면 '-을걸'이 추측의 의미로 사용될 때는 1, 2, 3인칭이 주어로 올 수 있고 동사, 형용사와 모두 결합이 가능하다. 따라서 '-을걸'이 후회의 의미로 사용되는 경우에는 추측의 범주에 포함될 수 없다. 다음 예문 (14가)는 후회의 의미로 사용된 예이고

(14나)는 추측의 의미로 사용된 예이다.

> (14) 가. 나도 어제 거기에 갈걸.
>
> 나. 지애는 벌써 집에 갔을걸.

5) '듯'

'듯'은 '듯, 듯이, -듯, -듯이, -은/는/을 듯, -은/는/을 듯하다, -은/는/을 듯싶다' 등 다양한 형태로 사용된다. 김민영(2017)에서는 이것을 '듯'류의 문형이라 부르고 '듯'류의 문형을 용법에 따라 7개 '비유를 통한 행동 묘사, 동작주 인식에 근거를 둔 행동 묘사, 대상의 모호한 행동 묘사, 화자의 추측, 상태의 정도 설명, 일어날 것 같은 일이 결렬된 상황, 웹상에서 화자의 추측을 표현하는 종결어미'로 구분하였다. 김민영(2017)의 분류를 다시 정리해 보면 '듯'은 크게 '비유, 추측, 상태의 정도'로 의미를 구분할 수 있다.

> (15) 가. 그 사람은 쓰러질 듯 휘청거렸다.
>
> 나. 그 사람은 술에 취한 듯 비틀거렸다.
>
> 다. 땀이 비 오듯이 쏟아진다
>
> 라. 지애는 이해할 수 없다는 듯 고개를 흔들었다.
>
> 마. 준이는 오늘 아무래도 늦을 듯하다.
>
> 바. 나는 목이 터질 듯이 소리를 질렀다.

(15가)~(15다)는 '듯'은 동사와 결합하여 행동자의 행동을 어떤 상황에 비유하여 묘사하고 있는데 연결어미 '-듯'과 의존 명사 '듯'이 모두 사용

될 수 있다. 이때의 '듯'은 후행하는 동사를 꾸미는 부사적 성격이 강하다.

반면 (15라)와 (15마)의 '듯'은 사태에 대한 화자의 판단을 나타낸 것으로 추측의 의미를 지닌다. 추측으로서의 '듯'은 의존 명사 '듯'에 인용절이 오거나, 관형사형 어미가 결합된 '-은/는/을 듯' 형태로 사용되어 결합 제약 없이 뒤에 동사, 형용사가 모두 올 수 있다. 또는 보조형용사 '듯하다'로 사용된다. (15바)는 '듯'이 상태의 정도를 나타낸 경우로, '-을 듯' 형태로 사용되는데 대부분 과장된 표현으로 사용된다.

(15가)~(15다)처럼 '듯'이 동작주의 행동을 어떤 상황에 비유하거나 (15바)처럼 상태의 정도를 나타내는 경우 사태에 대한 화자의 불분명한 판단을 나타내지 못하므로 추측으로 볼 수 없다.

6) '-을 것이-'

추측 표현 '-을 것이-'는 화자의 추측과 의지의 의미를 나타낸다. 주어가 1인칭이고 '-을 것이-'가 동사와 결합하는 경우 대부분 주어(화자 자신)의 의지를 나타내지만, 그렇지 않은 경우도 있다.

(16) 가. (나는) 서울에서 친구를 만날 것이다.
　　　나. 지금 출발하면 (나는) 30분 후에는 도착할 것이다.

(16)은 모두 1인칭 주어가 동사와 결합한 예들이다. (16가)의 동사 '만나다'는 주어(화자)의 주체적이고 능동적인 행동을 나타내는 반면, (16나)의 동사 '도착하다'는 주어의 능동적인 행동을 나타내지 못한다. (16가)처럼

주체적이고 능동적인 동사가 올 경우 '-을 것이-'는 화자의 의지를 나타내지만 (16나)처럼 동사가 비행동성을 가질 경우 '-을 것이-'는 추측의 의미를 나타낸다. 따라서 이러한 경우는 추측에 포함된다.

'-을 것이-'가 추측의 의미를 나타내는 경우 의문문으로는 사용될 수 없다. 박재연(2018:120)에서는 일부 수사 의문문이나 자문 의문문에서 형식은 의문문이지만 의미상 평서문이기 때문에 청자의 판단을 물어보는 추측의 용법으로 사용된다고 보았지만 수사 의문문이나 확인 의문문은 오히려 화자의 판단을 강하게 나타내므로 추측으로 볼 수 없다.

(17) 가. *내일 비가 올 거예요?
　　 나. 나는 내일 거기에 갈 것인가?
　　 다. 어차피 다 데리고 갈 거 아니에요?
　　 라. 지애야, 너 안 갈 거지?

(17)은 모두 의문문 형식으로 사용된 예로, (17가)처럼 추측의 '-을 것이-'가 의문문으로 사용될 경우 비문이 된다. (17나)는 화자 자신에게 묻는 자문 형식으로 미래 행동 수행 의도를 나타내므로 추측의 의미를 나타내지 않는다. (17다)~(17라)와 같이 '-을 것이-'가 수사 의문문과 확인 의문문으로 사용되는 경우로 청자의 판단을 물어보는 것이 아니라 오히려 화자 자신의 판단을 분명하게 나타내고 있기 때문에 역시 추측의 의미를 가지지 않는다.

7) '-을 터이-'

'-을 터이-' 역시 추측과 의지의 의미를 모두 나타내는데, 이때 '-을 터이-'가 단독으로 사용되는 경우는 거의 없고 어미와 연결된 형태로 자주 사용된다.

(18) 가. 내가 청소할 테니까 네가 요리를 해.
    나. 오늘 비가 많이 올 테니까 우산을 가지고 가세요.
    다. (내가) 내일 12시쯤 도착할 테니 그때쯤 사무실로 와라.
    라. 나한테도 알려 줬으면 나도 거기에 갔을 텐데.

(18)은 '-을 터이-'에 어미 '-으니, -으니까, -ㄴ데'가 결합된 예로 (18가)는 '-을 터이-'가 의지의 의미로 사용되었고 (18나)~(18라)는 추측의 의미로 사용되었다. 일반적으로 '-을 터이-'가 동사와 결합할 경우 1인칭 주어가 오면 화자의 의지를 나타내고, 2, 3인칭 주어가 오면 추측의 의미를 나타낸다. 그러나 (18다)와 같이 1인칭 주어가 오더라도 추측의 의미로 사용될 수 있다. '-을 것이-'에서 설명한 것처럼 (18다)의 '도착하다'는 주어가 능동적으로 의지를 가지고 하는 행동이 아니고, 주어가 도착하는 대략을 시간을 나타내는 것이기 때문에 의지의 의미를 가지지 않는다. 따라서 '-을 터이-' 역시 주어가 1인칭이고 동사와 결합하더라도 동사가 비행동성을 가질 경우 추측으로 사용될 수 있다.

8) '-을까 보-'

'-을까 보-'는 추측, 의지 또는 의향을 나타낸다. 다음 (19가)처럼 문장의 주어가 1인칭이고 '-을까 보-'가 문장의 종결로 사용되면 화자의 의향을 나타낸다. 반면 (19나)는 '-을까 보-'가 추측의 의미로 사용되었는데 '-을까 보-'가 추측으로 사용되는 경우에는 단독으로 사용되지 못하고 연결어미 '-아서'와 결합해 '-을까 봐서' 형태로만 사용된다. '-을까 봐서'는 문맥에서 부가적으로 걱정의 의미를 나타내기도 한다.

(19) 가. 나도 이번에 엄마 따라 여행을 갈까 봐.
　　　나. 비가 올까 봐서 우산을 가지고 왔어요.

9) '-을까 하', '-을까 싶-'

'-을까 하'와 '-을까 싶-'도 '-을까 보-'와 마찬가지로 추측과 의지 또는 의향을 나타내는데 이 세 표현의 의미 차이는 거의 없다. (20가)에서 '-을까 하'와 '-을까 싶-'은 의지의 의미로 사용되었는데 이처럼 주어가 1인칭이고 동사와 결합하는 경우에는 의지의 의미를 나타낸다. 반면에 (20나)와 (20다)에서는 추측의 의미로 사용되었는데 '-을까 하'와 '-을까 싶-'은 '-을까 보-'와 달리 연결어미 또는 종결어미와 결합해 추측을 나타낼 수 있다.

(20) 가. 이번 여름에 수영을 배워 {볼까 해요/볼까 싶어요/볼까 봐요}.
　　　나. 비가 {올까 해서/올까 봐서/올까 싶어서} 우산을 가지고 왔어요.
　　　다. 오늘 저녁 일찍 퇴근하기는 좀 어렵지 {않을까 싶어/않을까 해}.

이상으로 추측 표현 중에서 다양한 의미로 사용되는 표현들의 의미와 기능을 살펴보고 추측 표현의 범주를 설정하였다. 추측의 개념에서 가장 중요한 것은 화자의 불확실한 판단이므로 '사태에 대한 화자의 불확실한 판단'에 중점을 두고 화자의 불확실한 판단이 나타날 수 있는 상황일 경우 모두 추측에 포함된다.

제 2 장
한국어 교육용 추측 표현

1. 추측 표현 선정

한국어 교육에서 추측 표현을 가르칠 때 가장 먼저 고려해야 할 사항은 어떤 것을 가르칠 것인가이다. 교육 현장에서 추측 표현들을 모두 가르치기에는 현실적인 어려움이 있고 또한 모든 추측 표현들이 교육적으로 가치가 있는 것이 아니므로 교육용 추측 표현 항목을 선정할 필요가 있다. 교육용 추측 표현 항목을 선정할 때에는 실제 언어생활에서 사용되는 표현인지, 문법화된 표현인지, 실용성과 활용성이 높은 표현인지, 교육적 가치가 있는지, 한국어 교육 현장에서 실제로 교수·학습되는 표현인지, 추측의 의미를 명확하게 나타내는 표현인지 등이 고려되어야 한다.

그동안 선행 연구에서는 주로 고빈도 표현들을 교수 항목으로 선정하였는데 고빈도 표현들은 한국인 화자들이 일상생활에서 자주 사용하는 표현들이므로 교육 항목 선정에 반드시 고려되어야 할 요소 중의 하나이다. 그러나 사용 빈도만을 기준으로 하여 교수 항목을 선정하는 것은 바람직하지 않다. 왜냐하면 사용 빈도가 높다고 해서 무조건 교육적 가치가 높고 사용 빈도가 낮다고 해서 교육적 가치가 낮다고는 볼 수 없기 때문이다. 따라서 교육용 추측 표현 항목을 선정할 때 먼저 항목 선정 기준이 마련되어야 한다.

1.1. 추측 표현 선정 기준

추측 표현 교수 항목 선정에 있어 가장 중요한 것은 교육적 가치이다. 교육적 가치를 판단하기 위해서는 여러 가지 요소가 고려되어야 하는데 무엇보다도 '교육적 가치'를 판단할 수 있는 신뢰성과 타당성을 가진 객관적인 자료가 필요하다. 또한 '교육적 가치' 이외에도 교수 항목이 실제 언어생활에서 사용되는지에 대한 판단 기준인 '교육적 실용성', 한국어 교육 현장에서도 실제로 중요하게 다루고 있는지에 대한 판단 기준인 '교육의 실제성'이 추측 표현 교수 항목 선정에 반드시 고려되어야 한다. 이 세 가지 요소들을 중심으로 교수 항목 선정 기준을 다음과 같이 제시한다.

(가) 한국어 교육 목적을 최우선으로 한다.
교육용 추측 표현 항목 선정 시 한국어 교육 목적을 최우선으로 하여 한국어 교육 관점에서 추측 표현 항목을 선정한다.
(나) 교육적으로 가치가 있어야 한다.
한국어 교육 관점에서 교육적으로 가치가 있는 항목을 선정한다. 교육적 가치는 다양한 기준에 의해 판단될 수 있는데 다각적 관점에서 연구된 객관적인 자료를 바탕으로 해야한다.

(다) 실용성 있는 항목을 선정한다.

실용성이란 실제 언어생활에서 사용할 가능성이 있는 것을 의미한다. 한국어 학습자들이 학습한 내용이 실제 언어생활과 차이가 있어 한국어 교육이 실제 사용으로 이어지지 못하게 되면 한국어 교육은 무의미하게 된다. 특히 추측 표현의 경우 문어보다 구어에서의 사용이 더욱 중요하기 때문에 실제 언어생활이 반드시 고려되어야 한다.

(라) 실제 한국어 교육 내용이 반영되어야 한다.

한국어 교육 현장에서 다루어지는 추측 표현 항목들은 한국어 교육에서 중요하게 여기는 항목들이다. 물론 한국어 교재는 교재를 집필한 연구진들의 주관적 판단에 좌우되기도 하지만 교재에 공통으로 제시되어 있는 항목들은 한국어 교육에서 중요도가 높은 항목이라고 볼 수 있다. 따라서 한국어 추측 표현 교수 항목 선정에 반드시 한국어 교재를 반영하여야 한다.

이 책에서는 국립국어원의 '한국어교육 문법·표현 내용 개발 연구'[1] 결과를 교육적 가치 및 필요성을 판단해 줄 수 있는 기준으로 삼는다. '한국어교육 문법·표현 내용 개발 연구'에서 선정한 문법 항목들은 객관적인 자료와 전문가 검증을 거친 다각적 관점에서 연구된 결과물이기 때문에 선정된 문법 항목의 교육적 가치에 대해 신뢰성과 타당성을 가질 수 있다.

---

1   '한국어교육 문법·표현 내용 개발 연구'는 국립국어원에서 2012년부터 2015년까지 '한국어교육 내용 연구' 사업의 일환으로 4단계로 실시된 연구로, 최적화된 한국어 문법·표현 교육 내용 개발을 목적으로 하였다.

그러나 '한국어교육 문법·표현 내용 개발 연구'에는 실제 언어생활에서 문법·표현이 어떻게 사용되고 있는지에 대해서는 반영되어 있지 않다. 연구 당시 한국어 교육용 말뭉치가 구축되어 있지 않다는 점과 이미혜(2005)에서 제시한 것처럼 말뭉치 구성 방법, 복합 형태(표현)의 단위를 결정하는 방법 등에 따라 분석 결과가 달라진다는 점을 이유로 들어 문법 항목 선정 시 말뭉치 빈도를 선정 기준에서 배제하고 부분적으로 참고만 하였다.

앞서 언급한 것처럼 한국어 교육이 실제 사용으로 이어지지 못하게 되면 한국어 교육은 무의미하게 된다. 특히 추측 표현의 경우 문어보다 구어에서의 사용이 더욱 중요하기 때문에 실제 언어생활이 반드시 고려되어야 한다. 구어 말뭉치는 한국인 화자들이 추측 표현을 일상생활에서 어떻게 사용하고 있는지를 살펴보는 데 중요한 자료가 된다. 따라서 교육적 실용성을 보완하기 위해 이상숙(2021)에서 분석한 한국인 '구어 말뭉치' 빈도 분석 결과를 추측 표현의 실용성을 살펴보는 기준으로 삼는다.[2]

'한국어교육 문법·표현 내용 개발 연구'에서는 문법 항목을 새로 선정하지 않고 '국제 통용 한국어 교육 표준 모형 개발 2단계'[3] 목록을 기반으

---

2 이상숙(2021)에서는 국립 국어원 '21세기 세종 말뭉치' 2011년 배포판인 '현대 구어 형태 분석 말뭉치(805,646어절)'를 총 2차에 걸쳐 추측 표현 사용 빈도를 분석하였다.
3 '한국어교육 문법·표현 내용 개발 연구'에 앞서 먼저 '국제 통용 한국어 교육 표준 모형 개발' 연구가 2단계(김중섭 2010, 2011)로 진행되었다. 선행 연구 및 한국어 교재를 기초 자료로 분석하여 이를 바탕으로 1단계에서는 한국어 교육 표준 등급을 7등급으로 설정하고 각 등급의 목표 및 내용 기술 범주를 주제, 언어지식(어휘, 문법, 발음, 텍스트), 언어기술(과제, 말하기, 듣기, 읽기, 쓰기), 문화(문화지식, 문화실행, 문화관점)로 나누었고, 2단계에서는 1단계 연구에서 제시한 각 범주의 구체적인 항목들을 등급별로 선정하고 배열하여 표준 교육과정의 교수 요목을 확정하였다.

로 하여, 한국어 교재의 출현 빈도가 높은데 누락되어 있거나 한국어 능력시험 항목에 포함되어 있는데 누락된 항목 등을 검토해 보충하였다. 그러나 '한국어교육 문법·표현 내용 개발 연구'와 '국제 통용 한국어 교육 표준 모형 개발 2단계'에서 자료로 분석한 한국어 교재 6종[4] 중에서 몇몇 교재는 최신 개정판 이전 출판물이므로 현재 한국어 교육 현장 내용을 제대로 반영하고 있지 못하다. 따라서 이 책에서는 이상숙(2021)에서 분석한 한국어 교재 분석 결과를 추가로 반영한다.[5] 한국어 교재에서 중복도가 높은 항목을 우선으로 교육용 추측 표현 항목으로 선정하고 이외의 항목들은 다른 선정 기준들을 적용한 후 논의를 거쳐 항목 선정 여부를 판단할 것이다.[6]

1.2. 추측 표현 항목 선정

교육용 추측 표현 항목을 선정하기 위해서는 먼저 추측 표현의 여러 형태 중에서 어떤 것을 대표형으로 할 것인지에 대한 기준을 마련할 필요가 있다. 여기에서는 다음과 같은 기준에 따라 대표형을 정할 것이다.

---

4 '한국어교육 문법·표현 내용 개발 연구'와 '국제 통용 한국어 교육 표준 모형 개발 2단계'에서 참고한 한국어 교재는 '경희대학교, 고려대학교, 국립국어원, 연세대학교, 이화여자대학교, 한국외국어대학교'이다.
5 이상숙(2021)에서는 한국어 교재 '서강 New 한국어 1-6, 서울대 한국어 1-6, 연세 한국어 1-6, 이화 한국어 1-6'을 대상으로 한국어 추측 표현을 분석하였다.
6 한국어 문법서와 사전은 성격상 거의 모든 표현이 제시되어 있어 교육용 항목을 선정하는 데 큰 의미가 없으므로 교육용 추측 표현 항목 선정 자료로 삼지 않았다.

(가) 단일 어미로 구성된 추측 표현은 단일 어미를 하나의 추측 표현 항목으로 삼고 대표형으로 삼는다.

　　예) '-겠-, -을걸, -을까' 등

(나) 서술격 조사 '이다'와 결합하여 추측 표현으로 사용될 경우 대표형을 서술격 조사 '이다' 구성으로 삼는다.

　　예) '-을 것이-, -은/는/을 모양이-' 등

(다) 관형사형 어미와 결합하는 추측 표현들의 경우 결합하는 모든 관형사형 어미를 대표형에 표기한다.

　　예) '-은/는/을 모양이-, -은/는/을 것 같-' 등

(라) 하나의 추측 표현에 여러 어미가 결합되어 다양한 형태로 사용되는 경우 한 형태를 대표형으로 삼는다.

　　예) '-을 텐데, -을 테니까, -을 테지만' 등의 대표형 '-을 터이-'

(마) 의미 차이는 없지만 선행 어미나 보조 용언이 교체되어 형태가 달라질 경우 별개 항목으로 처리한다.

　　예) '-을까 싶-, -을까 하-, -나 보-. -은/는가 보-' 등

(바) 어미나 의존 명사 뒤에 특정 용언이 하나의 어휘적 구성으로 굳어져 문법화된 경우 하나의 추측 항목으로 본다.

　　예) '-은/는/을지 모르-, -은/는/을 것 같-' 등

앞에서 제시한 교육용 추측 표현 선정 기준에 따라 다음과 같은 절차로 교육용 추측 표현 항목을 선정한다.

첫째, '한국어교육 문법·표현 내용 개발 연구' 결과물에서 추측 표현을 추출한다.

둘째, 구어 말뭉치 사용 비율이 1% 이상인 추측 표현 항목 중에서 '한국

어 교육 문법·표현 내용 개발 연구'에서 추출된 추측 표현과 4종 한국어 교재 중에서 3종 이상 제시된 추측 표현 중에서 중복된 추측 표현들을 우선으로 추측 표현 교수 항목으로 확정한다.

셋째, 구어 말뭉치 사용 비율이 1% 이상인 추측 표현 중에서 교육용 추측 표현 항목으로 선정되지 않은 표현, 구어 말뭉치 사용 비율이 1% 이하인 추측 표현 중에서 '한국어교육 문법·표현 내용 개발 연구'에 제시되거나 한국어 교재에 중복으로 제시되어 있는 추측 표현들은 보류로 두고 논의를 거쳐 추후에 판단한다.

1.2.1. '한국어교육 문법·표현 내용 개발 연구' 추측 표현

'한국어교육 문법·표현 내용 개발 연구'[7]에서 선정된 총 205개 문법·표현 중 추측 표현 항목은 다음 13개이다.

<'문법·표현 연구' 추측 표현 항목>

-겠-, -을2,[8] -을까, -을 것 같다, -을까 보다, -을걸, -나 보다, -나 싶다, -어야겠-, -을 테니, -을 텐데, -어서인지, -은/는/을 듯이

'문법·표현 연구'에서는 문법·표현들의 대표형을 선정하고 그와 관련된 형태들을 관련형으로 두었는데 '문법·표현 연구'에서 제시한 대표형

---

7   기술의 편의를 위해 '문법·표현 연구'로 줄여서 지칭하겠다.
8   '한국어교육 문법·표현 내용 개발 연구'에서 조사 '을'과 어미 '-을'을 구분하기 위해 어미를 '-을2'로 표기하였다.

과 관련해 몇 가지 사항을 논의할 필요가 있다.

1) '-을 것이-'

먼저 추측 표현 '-을 것이-'에 대해서 살펴보도록 하자. 일반적으로 한국어 교육에서는 관형사형 전성어미 '-을'과 추측 표현 '-을 것이-'를 구분하여 '-을 것이-'만을 추측 표현으로 보는 데 반해, '문법·표현 연구'에서는 '-을 것이-'를 하나의 표현으로 인정하지 않고 전성어미 '-을'에 포함되는 것으로 보았다.

'-을 것이-'가 추측의 의미를 가지는 것은 일차적으로 전성어미 '-을'이 가진 미래성(불확실, 미정) 때문이라고 볼 수 있는데 이것은 '-을'을 '-은'이나 '-는'으로 교체했을 때 더이상 추측의 의미를 가지지 않는 것에서 잘 드러난다. 관형사형 전성어미 '-을'의 미래성(불확실, 미정)은 '-을 것이-, -을 터이-' 형태로 사용돼 추측의 의미를 나타내는데, 전성어미 '-을'을 하나의 추측 표현 항목으로 제시하고 '-을 것이-'를 전성어미 '-을'에 포함되는 것으로 보게 되면 동일한 방식으로 결합된 '-을 터이-' 역시 개별 추측 항목으로 설정하기 어렵다. 참고로 '문법·표현 연구'에서는 '-을 터이-'를 개별 문법 항목으로 보고 '-을 테니, -을 텐데' 두 형태를 대표형으로 선정하였다.

이기종(1996)에서 '-을 것이-'와 '-을 터이-'는 '관형사형 어미 + 의존 명사 + 서술격 조사'가 결합된 형태로 이때 '것'과 '터'는 의존 명사로서의 의미가 상실되고 세 구성 요소가 재구조화되어 양태 의미를 가진다고 보았다. 이처럼 '-을 것이-'의 추측 의미는 관형사형 어미 '-을'에서만 발생한 것이라기보다는 전체 구성 요소의 결합에서 온 것이기 때문에 '-을 것이-'를 개별 추측 표현 항목으로 설정하는 것이 타당하다. 또한 한국어 교육 측면에서도 외국인 학습자들에게 전성어미 '-을'이 추측 기능으로도 사용된다고 설명하는 것보다 '-을 것이-' 형태로 제시해 주는 것이 교육적으로 더욱 효과적이다.

특히 관형사형 전성어미는 후행 명사를 수식하기 때문에 후행 명사의 의미 또한 매우 중요한데 추측 표현으로서의 '-을 것이-'는 의존 명사 '것'이 의존 명사로서의 의미를 상실하고 추측 표현의 한 요소로 사용되기 때문에 '-을 것이-'를 관형사형 전성어미 '-을'에 포함된 형태로 보는데에 무리가 있다.

따라서 '문법·표현 연구'의 관형사형 전성어미 '-을'에서 '-을 것이-'를 분리해 '-을 것이-'를 개별 추측 표현 항목으로 보고, '-을 것이에요, -을 거야, -을 거예요, -을 거니까' 등의 다양한 형태 중에서 '-을 것이-'를 대표형으로 선정한다.

2) '-을 테니, -을 텐데'

다음으로 '-을 테니, -을 텐데'를 살펴보도록 하자, '문법·표현 연구'에서는 이 두 형태를 각각 개별 추측 항목으로 제시하였는데 어떤 것을 대표형으로 할지에 대해 생각해 볼 필요가 있다. 이기종(1996), 장경희(2017)에서는 -을 터이-'를 대표형으로 삼았고, 윤혜진(2010)과 안주호(2008)에서는 '-을 텐데, -을 테니까'를 각각 대표형으로 선정하였다.

'-을 터이-'는 '-을 것이-'와 같이 '관형사형 어미 + 의존 명사 + 서술격 조사'로 구성된 표현으로 다양한 어미와 결합해 '-을 테니(까), -을 테면, -을 텐데' 등 여러 가지 형태로 사용된다. 안주호(2008)에서는 의존 명사 '터'의 선후행 요소의 결합 양상과 빈도수를 보여 주었는데 '-을 터'가 종결어미와 결합하는 경우 서술형은 '-을 터이지/테지(요), -을 터이오/테요, -을 터이-/테다, -을 터이야/테야' 형태가 가장 많이 나타났고, 의문형은 '-을 터이지요/테지요?, -을 터이냐/테냐?' 순으로, 연결어미와 결합하는 경우에는 '-을 터이니/테니, -을 터인데/텐데, -을 터이니까/테니까' 형태가 가장 많이 나타난다고 하였다. 이 형태 중에서 추측의 의미로 사용되는 형태들은 '-을 터이지/테지(요), -을 터이니/테니, -을 터인데/텐데, -을 터이니까/테니까'인데 그중에서 '-을 텐데'와 '-을 테니까'가 추측의 의미로 가장 많이 사용되었다.

이지연(2018)에서는 '-을 터이-'의 형태별 사용 빈도를 살펴보았는데 '-을 텐데'가 46%로 사용 빈도가 가장 높았고 그다음으로 '-을 테니까'가 31%로 사용 빈도가 높게 나타났다. '-을 터이-'는 13%로 세 번째로 사용 빈도가 높았지만, 문어에서만 사용되었고 구어에서 사용 빈도가 0%로 나타났다. 이 두 연구 결과에서 볼 수 있듯이 실제 언어 사용에서는 '-을 터이-' 형태로는 거의 사용되지 않고 어미와 결합한 형태로만 사용되는데, 추측의 의미로는 '-을 텐데'와 '-을 테니까'가 가장 많이 사용됨을 알 수 있다. 따라서 사용 측면에서 보면 '-을 터이-'를 대표형으로 제시하는 것보다 어미가 결합된 형태를 대표형으로 제시하는 것이 더 효율적인 것으로 볼 수도 있다.

그러나 어미가 결합된 형태를 대표형으로 제시할 경우 발생하는 가장 큰 문제는 여러 형태 중에서 어떤 것을 대표형으로 선정해야 하는가이다. 어미가 결합된 모든 형태가 추측의 의미를 나타내지는 않기 때문에 추측의 의미를 나타내는 형태와 그렇지 않은 형태를 먼저 나누어야 하고, 추측의 의미로 사용되는 형태들 중에서 다시 어떤 어미와 결합된 형태를 대표형으로 선정해야 하는지에 대해서도 생각해 보아야 한다.

이지연(2018)의 연구에서 보듯, 실제 언어생활에서 '-을 터이-'형태는 거의 사용되지 않고 '-을 텐데, -을 테니까' 형태가 하나의 어미처럼 사용되기 때문에 '-을 텐데, -을 테니까' 형태 중에서 하나 또는 모두를 대표형으로 제시하는 것이 바람직한 것으로 보이지만 '-을 텐데, -을 테니까' 등 어미가 결합된 형태들은 아직 완전히 문법화 과정이 이루어진 것이 아니기 때문에 대표형으로 제시하기에는 어려움이 있다. 따라서 '-을 터이-'를 대표형으로 선정하는 것이 바람직하다고 본다.

3) '-나 보-'와 '-은/는가 보-'

다음으로 '-나 보-'와 '-은/는가 보-'에 대해서 살펴보자. '문법·표현 연구'에서는 대표형을 '-나 보-'로 선정하고 '-은/는가 보-'를 '-나 보-'에 포함시켰다. 이러한 제시 방법이 적절한 것인가에 대해서 생각할 필요가 있다. 물론 두 형태의 의미는 거의 차이가 없지만 선행 어미가 교체 되는 이유가 시제에 의한 것도 아니고 선행 품사에 의한 것도 아니라면 이 두 형태를 하나의 추측 표현으로 처리할 이유가 없어 보인다. 앞서 대표형을 정하는 기준에서 제시한 것처럼 이 책에서는 선행 어미나 보조 용언이 교체되어 형태가 달라지는 경우 별개 항목으로 처리한다. 따라서 '-나 보-'와 '-은/는가 보-'를 각각 개별 추측 표현 항목으로 보고 이 둘을 모두 교육용 추측 표현 항목으로 선정한다.

'-어야겠-'과 '-어서인지'를 추측 표현 항목으로 볼 것인가에 대해서는 논의가 더 필요하므로 뒤에서 다시 논의하기로 하고 우선 그대로 두도록 한다.

이상으로 '문법·표현 연구'에서 선정된 추측 표현들을 재정리하면 다음과 같다.

<'문법·표현 연구'에서 선정된 추측 표현>

-겠-, -을 것이-, -을까, -은/는/을 것 같-, -을까 보-, -을걸,
-나 보-, -은/는가 보-, -나 싶-, -어야겠-, -을 테니, -을 텐데,
-어서인지, -은/는/을 듯이

1.2.2. 교육용 추측 표현 선정

'문법·표현 연구'에서 추출된 추측 표현 항목 중에서 구어 말뭉치 사용 비율이 1% 이상이고[9] 한국어 교재에 3종 이상 제시된 추측 표현들을[10] 먼저 교육용 추측 표현 항목으로 확정한다.

---

9   부록 <구어 말뭉치 추측 표현 사용 빈도 분석표> 참고
10   부록 <한국어 교재 추측 표현 제시 분석표> 참고

<확정된 교육용 추측 표현 항목>

추측 표현 항목	항목 선정
-겠-	확정
-을까	확정
-을걸	확정
-은/는/을 것 같-	확정
-을 것이-	확정
-을 터이-	확정
-은/는가 보-	확정
-나 보-	확정

다음으로 위에서 확정되지 못하고 논의가 필요해 보류된 추측 항목들을 살펴보도록 하자.

구어 말뭉치 사용 비율이 1% 이상이지만 '문법·표현 연구'와 한국어 교재에 중복되어 제시되지 않은 추측 표현 항목들, 구어 말뭉치 사용 비율이 1% 이하인 추측 표현 중에서 '문법·표현 연구'와 한국어 교재에 중복되는 추측 표현 항목들, 그리고 한국어 교재에서는 중복도가 높지만 '문법·표현 연구'에 제시되지 않은 항목들은 다음과 같다.

<보류된 추측 표현 항목>

추측 표현 항목	문법·표현 연구	한국어 교재 (3종 이상)	구어 말뭉치 사용 비율	항목 선정
-은/는/을지 모르-		○	1.84%	보류
-어/아/여 보이-			1.05%	보류
-은/는지	-어서인지		1.05%	보류
-을까 보-	-을까 보-	○	0.63%	보류
-은/는/을 듯	-은/는/을 듯이		0.18%	보류

-은/는/을 모양이-	○	0.03%	보류
-아야겠	-었으면 좋겠다		보류

1) '-은/는/을지 모르-'와 '-은/는지'

먼저 '-은/는/을지 모르-'에 대해서 살펴보자. 추측 표현 '-은/는/을지 모르-'는 구어 말뭉치 사용 비율이 1.84%로 25개 표현 항목 중 8번째로 사용 빈도가 높은 추측 표현이고 한국어 교재 4종에도 모두 제시되어 있지만 '문법·표현 연구'에는 선정되지 않았다.

앞서 살펴본 것처럼 '문법·표현 연구'는 '국제 통용 한국어교육 표준 모형 개발 2단계(2011)'에서 제시한 목록을 기반으로 하였는데 이때 사용 된 주요 자료는 두 종의 한국어 문법서이다.[11] 이들 문법서에는 '-은/는/을 지 모르-'가 개별 문법 항목으로 제시되어 있지 않고 '-은/는/을지'의 하 위 항목으로 제시되어 있다. 따라서 '문법·표현 연구'에서는 처음부터 '-은 /는/을지 모르-'가 문법 표현 항목으로 고려되지 않았을 가능성이 크다.

이와 관련해 조금 더 자세히 살펴보면, '국제 통용 한국어교육 표준 모형 개발 2단계'에 'ㄴ지1, -는지, -는지요, -은지1, -은지요'와 'ㄹ지, -을 지/-을지요'가 고급과 최상급 단계의 문법 항목으로 선정되어 있지만 '문 법·표현 연구' 결과물에는 '-은/는지'가 문법 표현 항목으로 선정되어 있 지 않다. 그 이유를 연구 대상 등급에서 찾을 수 있는데 '-는지'는 '국제

---

11   국립국어원(2007) 『외국인을 위한 한국어 문법 사전』, 백봉자(2006) 『외국인을 위한 한국어 문법 사전』

통용 한국어교육 표준 모형 개발 2단계(2011)'에 고급 항목으로 선정되어 있지만 <토픽>에는 중급 항목으로 선정되어 있다. 그래서 처음에 '문법·표현 연구' 2단계에서 '-은/는지'를 중급 항목으로 선정하였다가 '문법·표현 연구' 3단계에서 '국제 통용 한국어교육 표준 모형 개발 2단계'의 등급에 맞게 중급 항목에서 제외하였다.

'문법·표현 연구'는 초급과 중급만을 대상으로 하였기 때문에 '-은/는지'가 최종 선정 항목에서는 제외되었지만, 선정 과정을 봤을 때 '문법·표현 연구'에서 고급 단계 문법 표현 항목으로 판정된 것으로 볼 수 있다. 따라서 '-은/는지'는 위에서 제시한 추측 표현 항목 선정 조건에 모두 해당한다.

우리는 앞서 1장에서 이미 '-은/는지'와 '-은/는/을지 모르-'의 추측 항목 처리에 대해서 다루었다. 따라서 '-은/는지'에 포함되었던 '-은/는/을지 모르-'를 분리해 개별 문법 항목으로 처리하고 '-은/는/을지 모르-'를 추측 표현 교수 필수 항목으로 선정한다.

그럼 이제 추측 표현 '-은/는지'에 대해서 생각해 보자. 추측 표현 '-은/는지'는 앞에서 언급한 것처럼 '문법·표현 연구' 선정 목록에는 없지만 고급 단계 항목으로 판정되었기 때문에 교육적 가치를 인정받은 것으로 볼 수 있다. 그리고 구어 말뭉치 분석에서 1% 이상의 사용 비율을 보여주고 한국어 교재 분석에서도 총 4종 중 2종 교재에서 추측 표현 항목으로 제시하고 있다. 한국어 교재 3종 중복이라는 조건에는 미치지 못하지만 한국어 교재에서 제시 비율이 50%를 차지하므로 '-은/는지'도 교육용 추측 표현 항목으로 선정될 조건이 충족된다고 본다.

그러나 '문법·표현 연구'에 제시되어 있는 '-어서인지' 형태는 개별 추측 표현 항목으로 선정하기에는 어려움이 있다. 왜냐하면 '-어서인지'의 추측의 의미는 '-어서 + 이다 + 은/는지'의 결합에서 온 것이 아니라 '-은/는지'에서 온 것이고, '-어서' 없이 '-은/는지'만 사용되는 경우에도 추측의 의미가 명확하게 드러나므로 '-어서'가 추측의 의미를 나타내는 데 필수 요소가 될 수 없다. 따라서 '-어서인지'는 '-은/는지'에 포함되는 형태로 보고 교육용 추측 표현 항목으로 선정하지 않는다.

2) '-어/아/여 보이-'

추측 표현 '-어/아/여 보이-'는 '문법·표현 연구'에 표현 항목으로 선정되지 않았다. 또한 구어 말뭉치 사용 비율도 1%(1.05%) 정도로 낮은 편이고, 2종 한국어 교재에서만 '-어/아/여 보이-'를 제시하고 있어 중복도도 높지 않다. 따라서 종합적으로 볼 때 '-어/아/여 보이-'는 일상생활에서 사용 빈도도 낮고 교육적 가치도 높지 않으므로 한국어 교육용 추측 표현 항목으로 선정하지 않는다.

3) '-을까 보-'

추측 표현 '-을까 보-'는 구어 말뭉치 사용 비율이 1% 미만으로 사용 빈도가 매우 낮지만 4종 한국어 교재에 모두 제시되어 있을 정도로 한국어 교육 현장에서 중요하게 다루는 항목 중의 하나이다. 그리고 '문법·표현 연구'에도 교육 항목으로 선정되어 있기 때문에 교육적 가치가 있다고 판단된 항목으로 보고 교육용 추측 표현 항목으로 선정하도록 한다.

4) '-은/는/을 듯'

추측 표현 '-은/는/을 듯'은 '문법·표현 연구'에는 '-은/는/을 듯이' 형태로 선정되어 있고 한국어 교재에는 '-은/는/을 듯, -은/는/을 듯하-, -은/는/을 듯싶-' 등 다양한 형태로 제시되어 있다. '-은/는/을 듯'의 구어 말뭉치 사용 비율은 0.18%로 매우 낮았는데 '-은/는/을 듯' 계열인 '-은/는/을 듯하-' 역시 0.53%로 사용 비율이 낮았고 '-은/는/을 듯싶-' 형태는 한 번도 나타나지 않았다. 아마도 이것은 '-은/는/을 듯' 계열의 추측 표현들이 구어보다 문어에서 더 자주 사용되는 표현들이기 때문인 것으로 볼 수 있다. 실제로 말뭉치 사용 빈도 분석에서도 문어 사용 빈도가 구어 사용 빈도보다 훨씬 높게 나타났다.[12]

비록 이 책에서 선정한 자료인 구어 말뭉치의 사용 빈도는 낮지만, 문어 사용 빈도가 높고, '문법·표현 연구'와 한국어 교재 3종에 '-은/는/을 듯' 계열 형태들이 제시되어 있기 때문에 교육용 추측 표현으로 선정할 교육적 가치가 있다고 본다.

그렇다면 '-은/는/을 듯' 계열 중에서 어떤 형태를 교육용 추측 표현

---

12 이상숙(2021)에서 분석한 '-은/는/을 듯' 계열은 추측 표현들의 말뭉치 사용 빈도 형태만을 고려해 검색한 결과이기 때문에 비추측 형태, 비추측 의미가 포함되어 있을 가능성이 높다. '-은/는/을 듯'의 실제 추측 표현으로서의 구어 사용 빈도를 보면 13회로 나타났지만 형태만을 고려한 구어 말뭉치 사용 빈도에서는 65회로 나타났다. 따라서 실제 사용 빈도는 훨씬 낮을 것으로 예상된다.

추측 표현 항목	문어 말뭉치 사용 빈도	구어 말뭉치 사용 빈도
-은/는/을 듯	8,912	65
-은/는/을 듯하-	3,728	38
-은/는/을 듯싶-	268	0

필수 항목으로 선정해야 할 것인가? '-은/는/을 듯싶-' 형태는 구어 말뭉치 분석에서 한 번도 나타나지 않았고 문어 사용 빈도도 다른 형태들에 비해 현저히 낮았기 때문에 추측 표현 항목으로 선정하기에는 어려움이 있다. '-은/는/을 듯하-' 형태는 다른 형태들과는 달리 오직 추측의 의미로만 사용되고, 실제로 구어 말뭉치 분석에서도 '-은/는/을 듯' 계열 중 구어 사용 빈도가 가장 높은 표현이므로 '-은/는/을 듯하-' 형태를 추측 표현 교수 항목으로 선정하는 것이 가장 타당해 보인다.

5) '-은/는/을 모양이-'

추측 표현 '-은/는/을 모양이-'는 '국제 통용 한국어교육 표준 모형 개발 2단계(2011)'에 고급으로 등급이 설정되어 있어 '문법·표현 연구' 항목에서는 제외되었지만, 고급 단계 문법 표현 항목으로 처리된 것으로 볼 수 있다. 그리고 '-은/는/을 모양이-'는 한국어 교재 3종에 제시되어 있고 이 책의 선정 기준은 아니지만 한국어 토픽 시험에도 중급으로 설정된 표현으로 한국어 교육 현장에서 중요도가 아주 높은 항목이다.

그러나 구어 말뭉치 사용 빈도는 총 805,646어절 중에서 단 2번만 출현할 정도로 사용 빈도가 매우 낮은데 그 이유는 '-은/는/을 모양이-'도 '-은/는/을 듯하'와 마찬가지로 구어보다 문어에서 더 많이 사용되는 표현이기 때문인 것으로 볼 수 있다. 이지연(2018)에서 제시한 '-은/는/을 모양이-' 말뭉치 분석 결과를 보면 '-은/는/을 모양이-'는 문어 특히 소설에서 사용 빈도가 가장 높게 나타났는데 전체 사용 빈도의 86%를 차지하였다. 이지연(2018)의 분석 결과를 보더라도 '-은/는/을 모양이-'는 구어에 비해 문어에서 사용 비율이 높다는 것을 알 수 있다. 또한 의미가 비슷한 추측 표현 '-나 보-', '-은/는가 보-'가 구어에서 상대적으로 더 많이 사용되기 때문에 '-은/는/을 모양이-'의 사용 빈도가 더 낮게 나타났을 것으로 보여진다. 비록 '-은/는/을 모양이-'가 실제 구어에서는 사용이 매우 낮게 나타났지만 문어에서 사용 빈도가 높고 한국어 교육에서 중요하게 다루어지는 추측 표현이므로 교육용 추측 표현 항목으로 선정되어야 한다.

'문법·표현 내용 연구'에서 선정된 '-아야겠-'과 한국어 교재 3종에 중복되어 제시되어 있는 '-었으면 좋겠다'는 개별 추측 표현 항목으로 선정하지 않는다. 왜냐하면 이 표현에 사용된 '-겠-'의 쓰임은 추측이지만 이 두 표현 자체를 추측 표현으로 보기 어려우므로 개별 항목으로 선정하지 않고 추측 표현 '-겠-'에 포함된 관련된 형태로 보도록 하겠다.

이상으로 최종 선정된 한국어 교육용 추측 표현 항목을 정리하면 다음과 같다.

<교육용 추측 표현 항목>

	추측 표현 항목
1	-겠-
2	-은/는지
3	-을까
4	-을걸
5	-은/는/을 것 같-
6	-은/는/을 듯하-
7	-은/는/을 모양이-
8	-은/는/을지 모르-

9	-을 것이-
10	-을 터이-
11	-은/는가 보-
12	-나 보-
13	-을까 보-

2. 추측 표현 항목 특성

교육용 항목으로 선정된 추측 표현들이 각각 어떤 특징을 가지고 있는지 추측 표현 별로 형태·통사적 특성과 의미·화용적 특성을 살펴보도록 하자.

추측 표현은 공통으로 가지는 몇 가지 형태·통사적 특성이 있다.

첫째, 추측 표현은 1, 2인칭 주어 제약이 있다. 발화 현장에서 발화 참여자(화자와 청자)에게 일어난 또는 일어나고 있는 사태에 대해서는 추측이 작용할 수 없기 때문에 1, 2인칭은 주어로 사용될 수 없다. 그러나 발화 현장의 사태라도 화자가 그 당시에는 몰랐다가 나중에 사실을 깨달았을 때는 추측이 일어날 수 있으므로 이 경우에는 1, 2인칭이 주어로 사용될 수 있다.

둘째, 추측 표현은 청유형, 명령형과 결합할 수 없다. 추측이란 명제에 대한 화자의 판단을 나타내는 것이므로 청자의 행동을 요구하는 명령형과 청유형은 사용이 불가능하다.

이러한 공통점 외에 어떤 개별적인 특징을 가지고 있는지 추측 표현 별로 자세히 살펴보도록 하자. 이 책에서는 추측 표현의 특성을 살펴볼 때 최대한 추상적인 개념은 배제하고 한국어 교육에 실제로 적용할 수 있는 객관적이고 일반적인 개념을 사용할 것이다.

2.1. '-겠-'

앞장에서 살펴본 것처럼 선어말어미 '-겠-'은 추측과 의도 등 다양한 의미를 가지고 있다. 장경희(1985)에서는 '-겠-'의 여러 가지 의미 중에서 '결과 짐작'을 가장 기본적인 의미로 보았는데 이것은 다른 의미들이 '결과 짐작'에서 확장되었다는 것이 아니라 '-겠-'이 가진 가장 우세한 의미가 '결과 짐작'이라고 보는 견해이다. 이상숙(2021)에서 분석한 구어 말뭉치 사용 빈도 결과를 보면 '-겠-'의 전체 사용 빈도 중 추측의 의미로 사용된 빈도는 약 50%(48.52%) 정도로, '-겠-'이 여러 의미 중에서 추측의 의미로 가장 많이 사용됨을 알 수 있다. 이 결과는 장경희(1985)의 견해를 뒷받침해 준다. 따라서 '-겠-'의 다양한 어미 중에서 추측이 '-겠-'의 중심 의미라고 볼 수 있다.[13]

먼저 '-겠'의 형태·통사적 특성을 살펴보도록 하자.

추측의 선어말어미 '-겠-'은 선행 연구에서 인칭 제약에 대한 논의가 많이 이루어졌다. 이윤진·노지니(2003)에서는 1, 2인칭 주어가 동사와 결합하면 의지를, 형용사와 결합하면 추측을 나타내고, 3인칭 주어일 경우에는 결합하는 용언과 관계없이 모두 추측의 의미를 나타낸다고 하였다. 강현주(2010)에서는 평서문의 경우 주어가 1인칭일 때는 '-겠-'이 보통 의

---

13   부록 <구어 말뭉치 추측 의미 사용 분석표> 참고

지를 나타내고 주어가 2, 3인칭일 때는 추측을 나타내는데, 조건문일 경우에는 주어가 1인칭이어도 '-겠-'이 추측의 의미를 나타낸다고 제시하면서 주어가 1인칭일 때 '-겠-'이 추측으로 사용되는 경우를 조건문으로 한정하였다. 그러나 조건문일 경우 추측의 의미를 가지는 것은 '-겠-'에만 나타나는 특징이 아니라 모든 추측 표현에 나타나는 일반적인 현상이다. 그리고 평서문에서도 1인칭 주어가 올 때 '-겠-'이 추측의 의미를 나타내는 경우가 있기 때문에 조건문으로 한정시키기에는 어려움이 있다.[14]

이와는 반대로 전나영(1999)에서는 선어말어미 '-겠-'은 화자가 자신의 짐작에 강한 확신을 가지고 있기 때문에 확실성이 가장 높은 화자 자신이 주어인 1인칭과 자주 사용되고, 3인칭 주어의 상황에 대해서는 화자가 확신할 수 없으므로 거의 사용되지 않는다고 보았다. 특히 3인칭 경우에는 과거 사태에 대해서만 화자가 추측 판단을 할 수 있다고 보았다.

그러나 선어말어미 '-겠-'은 다른 추측 표현들과 마찬가지로 기본적으로 1, 2인칭 주어 제약을 가진다. 일반적으로 1인칭 주어가 동사와 결합하는 경우 '-겠-'은 주어의 행동 의지를 나타내기 때문에 추측 표현 '-겠-'은

---

14 서정수(1996)에서는 조건의 '-(으)면'을 다음과 같이 세 가지 대표 형태로 보았다.
   (1) 불확실성 조건 표시: 조건문의 앞 절에 불확실한 전제를 도입하여 일반 조건문을 이룸. 예) 만일 내일 눈이 오면 그 친구가 산에 안 갈 것이다.
   (2) 불가능성 조건 표시: 현실적으로 불가능한 가상적인 전제를 도입하여 가상적인 문장을 이룸. 예) 내가 백만장자가 되면 너를 도와 주겠다.
   (3) 확실성 조건 표시: 확실한 사실을 나타내는 선행절을 이룸(흔히 말하는 조건절과는 다름). 예) 여름이 되면 비가 많이 온다.
   불확실성 조건과 불가능성 조건의 경우, 상황에 따라서 개연성이 높아서 사실에 가깝다고 볼 수 있지만 온전한 확실성을 가진 것이 아니므로 추측이 요구된다. 확실성 조건 표시의 경우 추측 표현과 결합할 수 없다.

1인칭 주어와 사용될 수 없는 제약이 있다.

> (21) 가. {*나는/*너는/지애는} 지금 잠을 자겠다.
>
> 나. {나는/너는/지애는} 지금 출발했으니까 {나는/너는/지애는} 세 시간 후쯤 도착하겠다.
>
> 다. 거기에 가면 어쩌면 {나는/너는/지애는} 친구를 만나겠다.
>
> 라. {나는/*너는/*지애는} 오늘 꼭 친구를 만나겠다.

(21가)처럼 발화 현장에서 일어나는 사태에 대해서는 1, 2인칭이 주어로 사용될 수 없지만 (21나)처럼 미실현 사태와 (21다)와 같이 조건절이 선행할 경우, 인칭 제약 없이 1, 2, 3인칭 모두 주어로 사용이 가능하다. (21다)와 (21라)는 동일한 주어와 동사가 사용되었는데, (21다)의 '-겠-'은 추측을 나타내고 (21라)는 의지를 나타낸다. 추측을 나타내는 (21다)의 경우에는 주어 인칭 제약이 없지만, 의지를 나타내는 (21라)는 2, 3인칭이 주어로 사용될 수 없는 제약이 있다.

그렇다면 동일한 주어와 동사를 사용했음에도 불구하고 '-겠-'의 의미가 달라지는 이유는 무엇일까? 그것은 바로 동사의 성격이 다르기 때문이다. 동사가 행동성을[15] 가질 때 1인칭 주어는 행동자가[16] 되기 때문에 '-겠-'은 주어의 의지를 나타내게 되지만, 동사가 비행동성을 가질 때 1인칭

---

15 서정수(1996:625)에서 동사의 행동성이란 행동자(주어)의 능동적 동작, 즉 행동자의 능동적인 의도적 움직임을 나타내는 것을 말하는 것으로 한국어 동사 중에 행동성을 지닌 동사가 많고, 경우에 따라서 행동성과 비행동성으로 둘 다 사용될 수 있는 동사들도 있다고 하였다.

16 서정수(1996)에서 행동자란 자신의 의지대로 어떤 행동을 스스로 실행하는 이로 정의하였다.

주어는 행동자가 될 수 없기 때문에 '-겠-'은 의지의 의미를 나타내지 못하고 추측의 의미를 나타내게 된다. 즉 1인칭 주어가 행동성을 가진 동사가 결합해 미래의 행동을 나타낼 때 '-겠-'은 의지의 의미를 가지고, 1인칭 주어가 비행동자이고 동사가 비행동성을 가질 때는 추측의 의미를 나타낸다.

(21다)의 동사 '만나다'는 주어의 능동적인 움직임이 나타나지 않고 수동적인 의미를 가지는 비행동성 동사로 사용되었기 때문에 '-겠-'이 추측의 의미를 나타내지만, (21라)의 '만나다'는 주어의 능동적인 동작을 나타내는 행동성 동사로 사용되었기 때문에 의지의 의미를 가지게 된다.

다음으로 추측의 '-겠-'은 선행 결합하는 용언에 제약이 없고 시제 제약도 없어 과거, 현재, 미래 사태를 나타낼 수 있다.

> (22) 가. 준이는 벌써 밥을 다 먹었겠다.
> 　　　나. 준이는 어제 기분이 안 좋았겠다.
> 　　　다. 준이는 지금 잠을 자고 있겠다.
> 　　　라. 준이는 내일 이 시간쯤 도착하겠다.
> 　　　마. *준이는 벌써 밥을 다 먹겠었다.

위에서 보는 것과 같이 '-겠-'은 용언 결합 제약 없이 동사나 형용사와 모두 결합할 수 있다. 그리고 시제 제약 없이 (22가)~(22나)처럼 과거의 완료된 사태, (22다)처럼 현재의 사태, (22라)처럼 미래의 사태를 추측하는데 사용될 수 있다. 그러나 완료를 나타내는 선어말어미 '-았-'[17]은 (22

17　기술의 편의를 위해 과거 시제 선어말어미 '-았/었/였-'의 대표형을 '-았-'으로 표기하

가)처럼 '-겠-'에 선행할 수 있지만 (22마)처럼 후행 결합은 불가능하다. 왜냐하면 '-겠-'은 화자가 발화하는 현재 시점에 판단이 이루어지므로 완료된 사태에 대한 현재의 판단인 '-았겠-'은 가능하지만, 과거의 완료된 판단인 '-겠었-'은 불가능하다.[18]

추측 표현 '-겠-'은 추측 표현의 공통적인 제약인 청유형 어미와 명령형 어미와 결합이 불가능하다. 그러나 평서형과 의문형 어미와는 제약 없이 결합할 수 있다. 의문형으로 사용될 경우 화자가 청자의 의지를 물어볼 수도 있고, 청자의 판단을 물어볼 수도 있기 때문에 화자의 목적에 따라 의문문에서의 '-겠-'은 의지와 추측의 의미를 모두 나타낼 수도 있다. 그리고 '-겠-'은 연결어미 제약이 없어 다양한 어미와 결합해서 사용될 수 있다.

(23) 이번 주까지 다 할 수 있겠어?

(23)은 화자의 목적과 의도에 따라 해석이 달라질 수 있는데, 화자가 청자의 의지를 알고 싶어서 묻는 경우에는 '-겠-'은 청자의 의지를 나타낸다. 그러나 화자가 청자에게 가능성을 묻는 경우에는 '-겠-'은 추측의 의미를 나타낸다.

도록 한다.

18 박재연(2004)에서는 '-겠더-'가 과거의 추측을 표현할 수 있는 있지만 다른 추측 표현들처럼 단순한 과거의 추측 판단을 나타내는 것은 아니라 '-더-'가 화자의 시점을 과거로 옮기는 기능을 하기 때문에 가능한 것으로 보았다. 또한 주어가 2, 3인칭인 경우에는 '-겠더-'와 결합이 불가능하기 때문에 '-겠-'이 과거의 추측을 나타내는 것으로 보기 어렵다고 하였다.

그리고 추측의 '-겠-'은 추측의 판단 주체 제약이 없어 다음과 같이 화자, 청자, 제삼자(후행절 또는 주절 주어)의 판단을 나타낼 수 있다.

(24) 가. 지애는 벌써 학교에 갔겠다.
　　　나. 네 생각에 지애는 학교에 갔겠어?
　　　다. 준이는 춥겠다 싶어 옷을 더 가지고 갔다.
　　　라. 지애는 준이가 지각하겠다 싶어 소리를 질러서 깨웠다.

(24가)는 화자 자신의 판단을 나타내고 (24나)는 화자가 청자에게 청자의 판단을 요구하는 경우이다. 그리고 (24다)와 (24라)는 제삼자의 판단을 나타내고 있다.

다음으로 추측의 선어말어미 '-겠-'의 의미·화용적 특성을 살펴보도록 하자.

추측 표현 '-겠-'은 지각적 경험과 관련이 있다. 추측 표현 '-은/는/을 것 같-'은 판단 근거가 지각적 경험이든지 비지각적 경험이든지에 상관없이 사용될 수 있는 데 반해 '-겠-'은 지각적 경험에만 사용될 수 있는 특징이 있다. 다시 말해서 추측의 선어말어미 '-겠-'은 화자가 오감을 통해서 판단 근거가 감각될 경우 사용이 가능하지만, 판단 근거가 비지각적 경험인 화자의 느낌이나 직감인 경우에는 사용이 불가능하다.[19]

(25) 가. (음식을 보고) 많이 {맵겠어요/매울 것 같아요/매울 거예요}.

19　이필영(2012)에서 '-겠-'은 사태에 직접적으로 관련된 감각적 경험을 하지 못한 경우에 쓰인다고 하였다.

나. (물 온도를 손으로 확인하고) 이제 목욕해도 {되겠어요/될 것
　　같아요/*될 거예요}.

다. (피아노 소리를 듣고) 이 피아노는 {비싸겠어요/비쌀 것 같아요
　　/*비쌀 거예요}.

라. 내 느낌에는 지금 밖에 비가 {*오겠어/오는 것 같아/*올 거예요}.

　(25가)는 시각적 경험이 판단의 근거로 사용되었고 (25나)는 촉각이
(25다)는 청각적 경험이 판단 근거로 사용되었는데, 이 경우 '-겠-'과 '-은/
는/을 것 같-' 모두 사용이 가능하다. 그러나 (25라)처럼 판단 근거가 화자
의 느낌인 경우에는 '-은/는/을 것 같-'은 사용이 가능하지만 '-겠-'은 사
용이 불가능하다. 왜냐하면 '-겠-'은 판단 근거가 감각될 수 있는 지각적
경험이어야만 가능하기 때문이다. 이때 지각적 경험이란 화자가 직접 경
험하지 못한 간접 경험을 말하는 것으로 예를 들어 촉감이나 질감을 추측
할 때 만져보는 것은 직접 경험이 되고 시각으로 감각되는 것은 간접
경험이 된다.

　다음 예문 (26가)처럼 음식의 맛을 추측할 때 음식을 직접 맛보지 않고
음식의 색깔만을 보고 맛을 추측하는 경우에는 '-겠-'이 사용될 수 있지만
(26나)처럼 음식 맛을 보는 것은 화자의 직접 경험이기 때문에 '-겠-'이
사용될 수 없다.

　(26) 가. (음식의 색깔을 보고) {맵겠어요/매울 것 같아요/매울 거예요}.
　　　　나. (음식을 먹어 보고) {*맵겠어요/매운 것 같아요/*매울 거예요}.

　따라서 '-겠-'은 판단 근거가 지각적 경험이어야 하고, 지각적 경험은

판단과 관련된 간접 경험이어야 한다.

　다시 예문 (25)로 돌아가 보자. 음식을 보고 음식의 맛을 판단하는 (25가)의 경우에는 '-을 것이-'가 사용 가능한 데 비해 (25나)와 (25다)에서는 '-을 것이-'는 사용 불가능하다. 뒤에서 다시 자세히 살펴보겠지만 '-을 것이-'도 '-겠-'과 함께 지각적 경험을 바탕으로 추측할 때 사용된다. 그러나 (25가)~(25다)는 모두 지각적 경험을 판단 근거로 하고 있음에도 불구하고 (25가)에서는 '-을 것이-'가 가능한 반면 (25나)~(25다)에서는 '-을 것이-'는 불가능하고 추측의 선어말어미 '-겠-'만 가능하다. 그 이유는 무엇일까? 성기철(2007)은 이러한 현상을 판단 근거를 얻은 시점의 차이로 보았다.

　　(27) 가. (지금 일기 예보를 들음) 오늘(내일) 비가 {오겠어/올 거야}.
　　　　나. (어제 일기 예보를 들음) 오늘 비가 {*오겠어/올 거야}.

(성기철 2007)

　성기철(2007)에서는 다른 조건들은 모두 동일하게 두고 판단 근거인 '일기예보를 들은 시점'만을 다르게 했을 때, (27가)와 같이 화자가 발화 시점에 일기 예보를 듣고 오늘 또는 내일 날씨를 추측하는 경우에는 '-겠-'과 '-을 것이-'가 모두 가능하지만 (27나)처럼 일기 예보를 들은 시점이 현재(발화 당시)가 아닌 과거(발화 이전)일 경우에는 '-겠-'은 불가능하고 '-을 것이-'는 가능한데, 이것은 '-겠-'은 추측의 근거를 현재의 경험 사실에 바탕을 두고 있지만 '-을 것이-'는 이전의 경험에 바탕을 두고 있기 때문이라고 보았다.

성기철(2007)의 견해를 바탕으로 했을 때 위 예문 (25)의 현상은 설명이 된다. (25가)의 경우는 이전에 사태와 관련된 화자의 경험이 있다고 가정을 할 수 있는 상황이기 때문에 '-을 것이-' 사용이 가능하고, (25나)~(25다)의 경우는 화자의 과거 경험을 가정할 수 없는 상황이기 때문에 '-을 것이-'는 사용이 불가능하다. (25가)에서는 표면적으로는 발화 현장의 음식이 판단 근거로 보이지만 실제로 추측의 바탕이 된 것은 화자의 과거 경험이고 (25나)~(25다)에서는 발화 현장의 경험만이 판단 근거로 작용했다.

선어말어미 '-겠-'의 이러한 판단 근거의 현장성이라는 자질은 다음 예문에서 더욱 잘 드러난다.

> (28) 가. (지금 영화 예고편을 보면서) 저 영화 {재미있겠다/*재미있을 거야}.
> 나. (어제 영화 예고편을 보고 나서) 저 영화 {*재미있겠다/재미있을 거야}.

위 예문들은 '영화가 재미있다'라는 명제에 대한 화자의 판단을 나타낸 것으로 (28가)는 화자가 이전에 영화에 관련된 어떠한 정보도 없이 발화 현장에서 영화 예고편을 보고 추측하는 경우이고 (28나)는 발화 현장에는 판단 근거가 존재하지 않고 화자의 과거 경험이 판단 근거로 작용한 경우이다. (28가)는 '-겠-' 사용이 자연스럽지만 '-을 것이-'는 불가능한 반면, (28나)의 경우에는 '-을 것이-'는 사용이 가능하지만 '-겠-'은 불가능하다. 따라서 추측의 '-겠-'은 발화 현장에 존재하는 근거를 바탕으로 발화 현장에서 즉각적으로 판단할 때 사용이 가능하므로 '현장성'을 '-겠-'의 유의미한 자질로 볼 수 있다.

이것은 추측의 '-겠-'이 화자가 청자에게 정서적 공감을 나타내는 경우에도 '현장성' 의미 자질을 확인할 수 있다. 화자가 청자의 상황을 보거나 들은 다음 청자에게 공감할 때 공감은 발화 현장에서 이루어지고 공감의 근거도 발화 현장에 존재한다. 왜냐하면, 공감이라는 것은 즉각적으로 이루어지는 반응으로 청자와 대화가 이루어지고 있는 발화 현장에서 청자의 말을 듣고 즉시 공감을 해야지 이야기를 듣고 며칠 지난 다음에 공감하기란 어렵기 때문이다.

> (29) 가. (지애에게 결혼 소식을 듣고) 지애 씨는 좋겠어요.
>   나. (여자 친구와 헤어졌다는 이야기를 듣고) 요즘 많이 힘드시겠어요.

이 외에 이기용(1978)과 오승은(2018)에서는 판단 근거의 유무로 '-겠-'의 의미 자질을 설명하려고 하였는데, 추측이라는 것은 화자가 명제에 대해 가지는 불확실한 판단으로 모든 판단에는 판단의 근거가 반드시 존재하기 마련이다. 그것이 화자의 직관이라고 할지라도 직관을 가지게 한 경험이나 정보가 반드시 존재하기 때문에 판단 근거의 유무로 추측 표현을 변별하는 것은 적절한 방법이 아니라고 본다.[20]

'-겠-'의 의미 연구에서 확실성에 관한 논의도 많이 이루어졌는데 확실

---

20 성기철(2007:184)에서도 필자와 동일한 주장을 하고 있다. 모든 판단에는 근거가 전제되어야 하고 근거가 없는 판단은 허황한 무의미한 것이 된다고 하였다.

성에 대한 연구자들의 의견은 크게 '확실성이 높다'와 '그렇지 않다'로 나누어진다. 이기용(1978), 전나영(1999), 이미혜(2005)에서는 '-겠-'을 확실성이 높은 표현으로 보는 반면, 박재연(2004)은 확실성이 50%는 넘는 정도로, 이필영(2012)에서는 '-겠-'은 '-을 것 같-'과 확실성 정도가 비슷하며 '-을 것 같-'보다 미세하게 확실성이 더 강한 표현으로 보았다. 황주하(2018)에서도 '-겠-'의 확실성의 정도를 [-거의 확신]으로 확실성이 높지 않은 표현으로 보았다.

그동안 한국어 교육에서는 일반적으로 추측의 '-겠-'을 확실성이 높은 표현으로 보았는데 실제로 '-겠-'의 확신의 정도는 아주 높아 보이지는 않는다. 확신의 정도는 여러 요인에 의해서 결정되는데 가장 먼저 생각해 볼 수 있는 것이 판단 근거이다. 판단 근거가 객관적이냐 주관적이냐에 따라 또는 직접 경험이냐 간접 경험이냐에 따라 확실성 정도가 달라질 수 있는데 화자가 자신의 짐작이나 느낌으로 판단할 때보다 객관적인 정보를 근거로 판단했을 때 확신의 정도가 높고, 화자가 판단과 관련된 것을 직접 경험했을 경우 간접 경험한 것보다 강한 확신을 가질 수 있다.

여기에서 말하는 판단 근거의 객관적/주관적 개념은 판단 근거를 주관적인 것과 객관적인 것으로 이분법적으로 보려는 것이 아니라 정보가 확실한 논문이나 책, 일기 예보 등과 같은 객관적인 정보를 판단 근거로 했을 때 확신의 정도가 다른 것들에 비해서 높을 수 있음을 의미한다. 물론 화자가 자신의 직감만으로도 강한 확신을 나타낼 수 있지만, 일반적으로 객관적인 정보를 바탕으로 했을 때 판단에 더욱 확신을 가지게 된다.

앞서 살펴본 것처럼 추측의 선어말어미 '-겠-'은 지각적 경험을 판단 근거로 하기 때문에 화자의 짐작이나 느낌을 판단 근거로 삼을 수 없다. 따라서 일차적으로 '-겠-'은 확신의 정도가 높은 쪽에 속한다고 볼 수 있다. 그러나 '-겠-'은 화자의 직접 경험을 판단 근거로 사용할 수 없으므로 강한 확신을 나타내기는 어렵다. 왜냐하면 추측은 화자의 주관적인 영역이므로 자신의 직접 경험을 통해 얻은 확신은 다른 판단 근거들에서 얻은 확신보다 더 강할 수밖에 없다. 따라서 '-겠-'의 확신의 정도는 박재연(2004)과 이필영(2012)의 견해처럼 중간에서 조금 높은 정도로 볼 수 있을 것이다.

추측의 '-겠-'은 일반적인 추측 기능 이외에 다른 사람의 감정, 상황을 공감하는 기능과 완곡의 기능을 가지는데 이 세 가지는 완전히 분리되어 독립적인 기능을 하는 것은 아니다.

> (30) 가. (지애에게 결혼 소식을 듣고) 너 결혼해서 {좋겠다/*좋을 것 같아
>   /*좋을 거야}.
>   가'. (지애가 결혼한다는 소식을 듣고) 지애는 결혼해서 {좋겠다 /좋을
>   것 같아/좋을 거야}.
>   나. (여자 친구와 헤어졌다는 이야기를 듣고) 요즘 많이 {힘드시겠어요
>   /*힘들 것 같아요/*힘들 거예요}.
>   다. 주말에는 사람이 많으니까 월요일이 더 좋겠어요.
>   라. 주문하시겠어요?

(30가)와 (30나)는 청자의 이야기를 듣고 청자의 기분을 추측하는 동시에 청자의 감정을 공감해 주는 기능을 가지지만 (30가')는 (30가)와 문장 주어만 달라졌을 뿐인데 공감의 기능은 없고 제삼자의 기분을 추측하는

기능만을 가진다. (30다)는 월요일이 더 좋을 것이라는 추측의 기능과 함께 거절이라는 상황을 부드럽게 표현하는 완곡의 기능의 가지지만 (30라)는 추측의 기능 없이 완곡의 기능만을 가진다.

화자가 청자의 정서적 상황을 추측해서 표현하는 목적은 청자에게 공감을 나타내기 위해서이다. 공감이란 타인의 생각이나 감정을 자기 내부로 가져와 타인과 비슷한 감정을 경험하는 것으로 추측의 '-겠-'을 사용해 공감을 나타낼 수 있다. 이때 공감은 '-겠-'이 가지고 있는 의미라기보는 문맥상에서 주어진 것으로 볼 수 있다. 한국어 학습자들에게 '-겠-'이 추측의 기능을 하면서 동시에 공감의 기능으로 사용될 수 있다는 것을 제시해 주면 다른 추측 표현과 변별력을 가질 수 있을 것이다.

또한 추측의 '-겠-'은 '-은/는/을 것 같-'과 같이 완곡의 기능으로도 사용되지만 모든 문맥에서 완곡의 기능을 나타내는 것은 아니다. 그리고 '-겠-'이 추측의 의미를 가지지 않아도 (30라)처럼 완곡의 기능을 가질 수 있다. 대체로 '-겠-'은 박재연(2004)에서 제시한 것처럼 우언적 양태 표현이 동반할 경우 완곡의 기능을 가지는데 자주 사용되는 형태로는 '-을 수 있겠-, -으면 좋겠-, -으면 되겠-, -아야 되겠-' 등으로 특히 '-으면 좋겠-'의 경우 완곡의 기능 가지는 동시에 화자의 희망이나 바람을 나타낸다.

이상의 내용을 정리해 보면 다음과 같다.

<'-겠-'의 특성>

	특성
형태·통사	**[+주어 인칭 제약]** •1, 2인칭 주어 제약 있음 •미실현 사태와 조건절이 선행할 경우, 1, 2인칭이 주어로 올 수 있음 •동사가 비행동성일 경우 1인칭이 주어로 사용될 수 있음 **[+후행 어미 제약]** •청유형, 명령형 결합 불가 •'-았-' 후행 결합 불가
의미·화용	**[판단 시점]** •발화하는 현재의 판단만 나타냄 **[판단 주체]** •화자, 청자, 제삼자의 판단을 나타낼 수 있음 **[+판단 근거 제약]** •현장 지각 경험만 가능 •직접 경험 불가능 **[확실성 중]** **[+공감의 기능]** **[+완곡의 기능]** •'-을 수 있겠-, -으면 좋겠-, -으면 되겠-, -아야 되겠-' 형태로 사용될 때 완곡의 기능을 가짐

2.2. '-은/는지'

앞장에서 살펴본 것처럼 '-은/는/을지'는 내포절 어미, 연결어미, 종결어미로 사용되는데, '-은/는/을지'가 내포절 어미로 사용될 때는 '-은/는/을지 모르-' 형태만 추측의 의미를 가진다. 따라서 내포절 어미로서의 '-은/는/을지'는 추측과 관련이 없다. 종결어미의 '-은/는/을지'는 상대방에게 정중하게 질문 또는 의문을 표현할 때만 사용되므로 역시 추측의 의미를 가지지 못한다. 따라서 '-은/는/을지'는 연결어미로 사용될 때만 추측의 의미를 나타내므로 연결어미로 사용되는 경우의 특성만을 살펴보도록 하겠다. 앞에서 살펴본 것처럼 '-을지'가 연결어미로서 추측을 나타내는 일이 없기 때문에 '-을지'는 대표형에서 제외한다.

한국어 문법서에는 연결어미로서의 '-은/는지'를 후행절에 대한 근거나 원인을 나타낸다고 기술하고 있는데 장현균(2017)에서 제시한 것처럼 '-은/는지'를 단순히 후행절의 원인이나 근거를 나타내는 어미라고 제시하는 것은 문제가 있어 보인다. 일반적으로 원인이나 근거를 나타내려면 선행절과 후행절의 인과관계가 명시적으로 드러나야 하는데 어미 '-은/는지'는 인과관계를 명시적으로 드러내지 못한다. 특히 한국어에는 '-아서, -으니까, -는 바람에, -느라고' 등과 같이 인과관계가 명시적으로 드러나는 원인이나 근거를 나타내는 표현들이 아주 많은데, '-은/는지'를 이들과 동일하게 원인이나 근거를 나타내는 어미라고 제시할 경우 한국어 학습자들에게 혼란을 줄 수 있다. 물론 사태의 전개 과정의 측면에서 보면 선행절과 후행절은 원인과 결과를 나타낸다고 볼 수 있지만, 인지 과정의 측면에서 보면 선행절 사태는 후행절 사태를 통해(후행절 사태로 미루어) 추론한 결과라고 할 수 있다. 이런 점에서 '-은/는지'는 '-아서' 등과 같이 인과관계를 나타내는 표현들과 구별된다고 볼 수 있다.

추측의 '-은/는지'는 일반적으로 1, 2인칭 주어 제약이 있지만 다음과 같이 화자 스스로도 확신할 수 없는 사태에 대해서는 1, 2인칭도 주어로 사용될 수 있다. 단 화자의 내면 또는 심리 상태 대해서는 추측이 작용할 수 없다. 그리고 결합 용언 제약과 시제 제약도 없다.

(31) 가. 나는 상한 음식을 먹었는지 오늘 계속 설사를 한다.

　　　나. 너는 오늘 기분이 안 좋은지 하루 종일 내내 조용하네.

　　　다. 지애는 여행을 {*갈지/가려는지/가는지} 가방을 싸고 있다.

　(31가)는 1인칭 주어가 동사와 결합해 과거 사태에 대한 추측을 나타내고 (31나)는 2인칭 주어가 형용사와 결합해 현재 사태에 대한 추측을, (31다)는 3인칭 주어가 동사와 결합해 미래 사태에 대한 추측을 나타내고 있다. '-은/는지'가 과거 사태를 나타낼 때는 결합되는 용언에 관계없이 '-았는지' 형태로 사용되고 현재를 나타낼 때는 동사는 '-는지', 형용사는 '-은지'로 사용된다. 미래 사태를 나타낼 때는 '-을지'로는 사용되지 않고 '-으려는지'와 '-는지' 형태로 사용된다.

　과거형 선어말어미 '-았-'은 선행절 '-은/는지' 앞과 후행절에도 결합이 가능하므로 발화 시험에 이루어진 판단과 발화 이전에 이루어진 판단을 모두 나타낼 수 있다.

(32) 가. 어제 내가 집에 도착했을 때 지애는 여행을 가려는지 가방을
　　　　　싸고 있었다.

　　　나. 어제 지애는 시험을 잘 못 봤는지 저녁 내내 말이 없었다.

　　　다. 휴대 전화를 잃어버렸는지 찾아봐도 아무 데도 없어요.

　(32가)는 화자가 어제(과거) 가방을 싸고 있는 지애의 모습을 보고 어제 시점에서의 미래에 여행을 가려는 것 같다고 판단한 것을 현재 발화하고 있는 경우이고, (32나)는 어제(과거) 저녁 내내 말이 없는 지애를 보면서 그 이유를 어제 저녁 시점보다 이전에 시험을 잘 못 봤기 때문일 것으로

역시 과거의 판단을 현재 발화하고 있다. 반면 (32다)는 휴대 전화가 보이지 않는 이유를 읽어버렸기 때문이라고 현재 발화하는 순간의 판단을 나타내고 있다.

추측의 '-은/는지'는 연결어미로 사용되기 때문에 어말어미 제약을 가지며, 판단 주체는 항상 화자 자신이므로 화자 이외의 판단을 나타낼 수 없다.

'-은/는지'로 연결된 문장의 선행절은 후행절의 사태를 통해 추론한 결과이므로 후행절이 선행절 판단의 근거가 된다. (32나)에서 화자는 '지애가 저녁 내내 말이 없다'는 후행절의 사태를 보고 '시험을 잘 못 본 것 같다'고 선행절에서 추론하고 있다. '-은/는지'는 후행절에 제시되어 있는 지각 가능한 객관적 사실을 바탕으로 사태를 추측하는 데 사용되는데 이때 화자의 판단은 사태에 대한 불확실한 판단과 선·후행절 관계에 대한 불확실한 판단 두 가지로 볼 수 있다. 즉 화자는 사태가 사실일 가능성에 대해 불확실함을 가지고 있는 동시에 후행절을 통해서 선행절 사태를 추론하는 것에 대한 불확실함도 함께 가지고 있다.[21] 그렇기 때문에 '-은/는지'의 확신의 정도는 낮을 수밖에 없다. 위 (32가)에서 화자는 '지애가 여행을 갈 것이다'라는 명제가 사실일 가능성에 대해서도 확실한 태도를 가지지 못하는 동시에 '가방을 싸는 이유가 여행을 가기 위해서이다'라는 관계에 대해서도 확신하지 못한다.

---

[21] 김다미(2018)에서는 '-은/는지'가 사태가 사실일 가능성에 대한 불확실함과 선행절 사태를 후행절의 원인으로 볼 수 있는가에 대한 불확실한 태도를 함께 나타내는 것을 불확실성의 이중성으로 표현하였다.

'-은/는지'가 사용된 문장에서 후행절은 선행절의 판단 근거가 되기 때문에 반드시 지각 경험이 판단 근거로 와야 한다.

이상으로 '-은/는지'의 특징을 살펴보았는데 내용을 정리해 보면 다음과 같다.

<'-은/는지' 특성>

	특성
형태·통사	**[+주어 인칭 제약]** •1, 2인칭 주어 제약 있음 •화자가 확신할 수 없는 사태에 대해서는 1, 2인칭 주어 가능 •화자의 내면 상태를 나타낼 수 없음 **[+후행 어미 제약]** •연결어미로만 사용되기 때문에 다른 어미와 결합 불가
의미·화용	**[판단 시점]** •과거와 현재의 판단을 모두 나타냄 **[판단 주체]** •화자의 판단만 나타냄 **[+판단 근거 제약]** •후행절 사태를 통해 선행절 사태를 추측 •지각적 경험만 가능 **[확실성 하]**

2.3. '-을까'

'-을까'는 구어, 비격식적인 상황에서 자주 사용되는 의문형 종결어미이다. 다른 추측 표현들처럼 명제에 대한 화자의 판단을 나타내는 것이 아니라 박재연(2004)에서 제시한 것처럼 청자의 판단을 요구할 때 사용되는데, 화자의 목적이 무엇이냐에 따라 추측을 나타낼 수도 있고 의도나 강조를 나타낼 수도 있다. '-을까'가 청자의 추측 판단을 요구할 때 청자는 화자 자신일 수도 있고, 특정인일 수도 있고, 특정되지 않은 대상일 수도 있다. '-을까'는 구어 말뭉치 분석에서도 확인할 수 있듯이 일상생활에서 자주 사용되는 추측 표현이다.

추측 표현 '-을까' 역시 발화 현장에서 일어나는 사태에 대해서는 추측이 불가능하므로 1, 2인칭 주어 제약이 있다. 그러나 화자가 확신할 수 없는 미실현 사태에 대해서는 1, 2인칭도 주어로 사용될 수 있다.

(33) 가. 내가 이번에 시험에 통과할 수 있을까?
나. 그 사람을 만나지 않았더라면 너는 행복했을까?
다. 저 사람은 한국 사람일까?

(33가)는 화자가 자신을 청자로 삼아 시험에 통과할 수 있을지에 대한 판단을 스스로에게 요구하고 있고, (33나)는 청자에게 가정의 상황에 대한 추측 판단을 요구하고 있다. (33다)는 미특정인 청자에게 주어가 한국 사람인지를 추측해 보도록 요구하고 있는데 이처럼 추측이 일어날 수 있는 상황에서는 1, 2, 3인칭이 명제 주어로 올 수 있고 동사, 형용사와도 모두 결합할 수 있다.

'-을까'는 시제 제약 없이 과거, 현재, 미래의 사태에 관한 판단을 모두 나타낼 수 있다.

(34) 가. 준이는 어제 시험을 잘 봤을까?

나. 준이는 지금 집에 있을까?

다. 내일도 날씨가 추울까요?

(34)과 같이 추측 표현 '-을까'는 과거, 현재, 미래의 사태에 관한 판단을 나타낼 수 있는데 판단이 이루어지는 시점은 화자가 발화하는 현재이다. 예를 들어 (34가)에서 '시험을 봤다'라는 명제는 과거에 일어난 사태이지만 그것을 판단하는 시점은 화자가 발화하는 지금이다. 따라서 과거의 판단을 나타내는 나타낼 수 없으므로 과거 시제 선어말어미 '-았-'은 '-을까' 앞에만 결합할 수 있고 뒤에는 올 수 없다. 그리고 '-을까'는 의문형 종결어미이기 때문에 항상 의문형으로만 사용되기 때문에 다른 어미가 후행할 수 없다.

추측 표현 '-을까'는 다른 추측 표현들과 다르게 확실성 정도를 판단하기가 어렵다. 왜냐하면 '-을까'는 화자가 청자에게 청자의 추측 판단을 요구할 때 사용되기 때문에 확실성은 청자의 몫이 된다. 화자의 질문에 청자는 강한 확신으로 대답할 수도 있고 반대로 낮은 확신으로 대답할 수도 있다.

(35) 가: 오늘 비가 올까요?

나: 오늘 비가 {올 거예요/올 것 같아요/올지도 몰라요}.

위 (35)처럼 '오늘 비가 올 것인가?'라는 화자의 질문에 청자는 여러 가지 근거를 바탕으로 '비가 올 거예요'로 강한 확신을 가지고 대답할 수도 있고, '비가 올지도 몰라요'처럼 낮은 확신으로 대답을 할 수도 있다.

따라서 확신의 정도는 청자에 의해 결정되기 때문에 추측 표현 '-을까'의 확신의 정도를 단정하기 힘들다.

또한 '-을까'는 판단 근거에 특별한 제약이 없지만 근거가 확실한 상황에서는 잘 사용되지 않는다. 예를 들어 화자와 청자가 구름이 낀 흐린 하늘을 보고 있는 경우 (35)와 같은 대화는 일어나기 어렵다.

앞에서 설명한 것처럼 '-을까'는 의문형 종결어미이기 때문에 일반적으로 의문형으로 사용돼 청자의 불분명한 판단을 요구할 때 사용되지만, '-다고(나) 할까?', '-지 않을까?' 형태로 사용되는 경우에는 화자의 불분명한 판단을 나타낼 수 있다.

> (36) 가. 아이가 좀 산만하다고나 할까?
>
> 　　　나. 너한테는 좀 어렵지 않을까?

(36)처럼 '-다고(나) 할까?, -지 않을까?' 형태는 화자의 판단을 나타낼 수 있는데 '-을까'를 사용해 화자가 청자에게 물어보는 형식을 취하지만 실제로는 화자의 불분명한 판단을 불분명하게 표현하는 것이다. 이때 '-을까'는 완곡의 기능을 가지기도 한다.

'-을까'는 판단 근거에 대한 특별한 제약이 없고 중간 정도의 확실성을 나타낸다고 볼 수 있다.

이상의 내용을 정리해 보면 다음과 같다.

	특성
형태·통사	**[+주어 인칭 제약]** •1, 2인칭 주어 제약 있음 •화자가 확신할 수 없는 사태에 대해서는 1, 2인칭 주어 가능 **[+후행 어미 제약]** •의문형 종결어미이므로 다른 어미와 결합 불가
의미·화용	**[판단 시점]** •발화하는 현재의 판단만 나타냄 **[+청자의 판단]** •'-을까'로 사용돼 청자의 판단을 묻는 데 사용 **[+화자의 판단]** •'-다고(나) 할까?, -지 않을까?' 형태로 사용돼 화자의 판단을 나타냄 **[-판단 근거 제약]** •근거가 확실한 상황에서는 잘 사용되지 않음 **[확실성 중]** •'-을까'가 청자의 판단을 요구하는 경우 확실성 정도를 판단하기 어려움 •'-을까'가 화자의 판단을 나타내는 경우 확실성은 중간 정도임 **[+완곡의 기능]** •화자의 판단을 나타내는 경우 완곡의 기능을 가짐 **[+구어, 비격식]**

2.4. '-을걸'

'-을걸'은 추측을 나타내는 종결어미로 구어와 비격식적 상황에서 자주 쓰이는 표현이다. '-을걸'은 박재연(2004)에서 제시한 것처럼 추측(인식 양태)과 후회(비인식 양태)의 의미를 나타내는데 추측의 의미로 사용될 때 문맥에서 후회나 다행, 체념 등의 기능을 부수적으로 가지기도 한다.

(37) 가. 지금 뛰어가도 기차 못 탈걸.

　　나. 아까 뛰어갔더라면 기차를 탔을걸.

(37가)는 '-을걸'이 '기차를 탈 수 없다'라는 미래 사태에 대한 추측을 나타내고, (37나)는 화자가 기차를 놓친 사실을 반대로 가정하여 결과를 추측하고 있는데, 화자가 이미 완료된 사실을 반대로 가정하여 결과를 추측하는 것은 그렇게 하지 못한 것에 대해서 후회를 하기 때문이다. 따라서 (37나)의 경우는 '-을걸'이 추측의 의미를 나타내면서 후회의 의미도 동반한다.[22] 그러나 완료된 사실을 반대로 가정한다고 해서 모두 후회의 의미를 가지는 것은 아니므로 주의가 필요하다. (37가)처럼 추측의 의미로만 사용될 때는 '-을걸'의 억양을 올려 사용하고, 후회의 의미를 동반할 때는 보통 억양을 내려서 사용한다.

이상숙(2021)의 말뭉치 분석 결과를 보면 '-을걸'은 전체 구어 말뭉치 사용 빈도에서 추측의 의미로 사용된 빈도는 73.24%로, 비인식 양태보다 추측의 의미(인식 양태)로 더 많이 사용됨을 알 수 있다. 따라서 '-을걸'을 한국어 학습자들에게 교육할 때 추측의 의미를 먼저 교수하는 것이 효과적일 것이다.

먼저 추측 표현 '-을걸'의 형태·통사적 특징을 살펴보자.

추측 표현 '-을걸'도 1, 2인칭 주어 제약을 가지는데 화자가 불확실하게 인지하고 있는 사태나 미실현 사태에 대해서는 1, 2인칭도 주어로 올 수 있다.

22　이때 '후회'는 비인식 양태의 '후회'와는 다르며 인식 양태(추측)로 사용되어 추측의 기능을 가지지만 문맥상 후회의 의미를 함께 가지는 것이다.

(38) 가. 그런 상황이면 나라도 기분 나빴을걸.

　　　나. *나는 어제 피곤했을걸.

　　　다. 지금 뛰어가도 (너는) 기차 못 탈걸.

　　　라. 주말이라 회사에 아무도 없을걸.

(38가)와 (38나)는 1인칭 주어가 사용된 예인데, 주어가 1인칭일 때 (38나)처럼 화자 자신이 잘 알고 있는 화자의 내적 상태 또는 완료된 행동에는 '-을걸'이 사용될 수 없다.

그리고 결합 용언 제약이 없어 동사, 형용사와 자유롭게 결합할 수 있고, 시제 제약도 없어 과거, 현재, 미래 사태를 모두 나타낼 수 있다.

(39) 가. 지애도 부산에 가 봤을걸.

　　　나. 지금 밖에 눈이 내릴걸.

　　　다. 내일도 오늘처럼 눈 올걸.

(39)는 모두 화자의 판단을 나타낸 것으로 (39가)는 과거의 사태에 대해서, (39나)는 지금 현재 사태에 대해서, (39다)는 미래의 사태에 대해서 화자가 추측을 하고 있다.

'-을걸'은 종결어미이기 때문에 후행에 다른 종결어미나 연결어미와 결합할 수 없다.

다음으로 추측 표현 '-을걸'의 의미·화용적 특성을 살펴보자.

과거시제 선어말어미 '-았-'은 '-을걸'에 후행 결합이 불가능하므로 판단 시점은 발화시가 되고 판단 주체는 항상 화자이다.

앞에서 살펴본 것처럼 추측 표현 '-을걸'은 반사실적 가정 조건문과 결합하여 현실과 반대인 상황을 가정하여 추측하는 데 자주 사용되는데, 반사실적 가정 조건문과 함께 사용될 때 '-을걸'은 권영은(2020)에서 제시한 것처럼 문맥상 후회, 반박, 다행 등과 같은 다양한 화용적 기능을 가지기도 한다.

> (40) 가. 그때 내가 그 말을 하지 않았다면 우리가 헤어지지 않았을걸.
>
> 나. 내가 너에게 전화를 했더라도 너는 오지 않았을걸.
>
> 다. 지하철 역에서 너를 만나지 못했다면 나는 비를 쫄딱 맞았을걸.

(40가)~(40다)는 '-을걸'이 모두 반사실적 가정 조건문과 함께 쓰인 예로 현재 사실과 반대되는 상황을 가정하여 결과를 추측한 예이다. (40가)는 추측의 의미와 더불어 그 말을 하지 않은 것에 대한 후회를 나타내고 (40나)는 청자의 말에 반박하는 기능으로 사용되었고 (40다)는 화자가 지하철역에서 청자를 만나 비를 맞지 않게 되어 다행이라는 의미를 나타내고 있다.

다음으로 '-을걸'의 판단 근거를 살펴보자. 추측 표현 '-을걸'은 판단 근거가 '-겠-'처럼 발화 현장에 존재할 때는 사용이 어렵다.

> (41) 가. (영화 예고편을 보고) 저 영화 {*재미있을걸요/*재미있을 거예요/ 재미있겠어요}.
>
> 나. (영화 이름을 보고) 저 영화 {재미있을걸요/재미있을 거예요/*재미있겠어요}.

예문 (41가)와 (41나)는 영화가 재미있을 거라는 명제에 대한 화자의 판단을 나타낸 것으로, (41가)처럼 화자가 영화와 관련된 어떠한 정보를 가지지 않은 상태에서 발화 현장에서 영화 예고편을 보고 영화에 대해서 판단할 경우에는 '-겠-'은 자연스럽지만, '-을걸'과 '-을 것이-'는 불가능하다. 반면에 (41나)처럼 화자가 영화와 관련된 정보를 이미 가지고 있는 상태에서 영화 이름을 보고 판단할 때는 '-겠-'은 불가능하지만 '-을걸'과 '-을 것이-'는 자연스럽다.

앞에서 살펴본 것처럼 '-겠-'은 현재 경험을 바탕으로 판단을 하고 '-을 것이-'는 과거 경험을 바탕으로 판단을 하는데, 추측 표현 '-을걸'도 '-을 것이-'와 마찬가지로 과거 경험을 바탕으로 판단할 때 사용된다. 여기에서 말하는 과거 경험이라 직·간접 경험을 모두 이르는 것이며 과거의 경험을 바탕으로 이루어진 화자의 직관과 느낌도 여기에 포함된다.

과거 경험을 근거로 한다는 점에서 '-을걸'과 '-을 것이-'가 매우 비슷한데 두 추측 표현은 다음 몇 가지 점에서 차이가 난다. '-을 것이-'는 추측 표현 중에서 확실성이 매우 높은 표현이지만 '-을걸'은 확실성이 '-을 것이-'처럼 아주 높은 편은 아니다. 한 문장 안에 긍정과 부정 명제가 함께 나타날 수 있으면 명제에 대한 화자의 확신 정도는 50% 정도가 되는데, '-을걸'은 긍정 명제와 부정 명제가 한 문장 안에 양립할 수 없기 때문에 명제가 참일 가능성이 거짓일 가능성보다 높은 50% 이상의 확신의 정도를 가지는 것으로 볼 수 있다.[23]

추측 표현 '-을걸'이 확실성이 높은 편에 속하기는 하지만 '-을 것이-'만

---

23   이윤진·노지니(2003)에서도 '-을걸'은 반대 상황의 발생 가능성에 대해서도 어느 정도 염두에 두는 것으로 보았다.

큼 확실성이 높지는 않다. '-을 것이-'는 화자가 판단을 내릴 때 단정적인 태도를 취하고 반대 명제가 실현될 가능성을 염두에 두지 않지만, '-을걸'은 반대 명제의 발생 가능성에 대해 항상 염두에 두기 때문에 '-을 것이-'에 비해 불확실성이 더 크다. 그러나 경우에 따라서 '-을걸'도 화자의 강한 확신을 나타내기도 하는데 이것은 '-을걸'이 확실성이 매우 높은 표현이라기보다는 담화 상황에서 발생하는 여러 요인에 의해 화자가 영향을 받아 좀 더 확신 있게 표현한 것으로 볼 수 있다.

의미·화용적 특성을 좀 더 살펴보면 추측 표현 '-을걸'은 이윤진·노지니(2003)에서 말한 것처럼 담화를 시작할 때 사용되지 못하고 담화 중 청자의 발화에 대해 화자의 판단을 나타낼 때 주로 사용된다. 즉 화자는 청자의 반응을 기대할 때 '-을걸'을 사용하기 때문에 다른 추측 표현들보다 담화 상황에 영향을 많이 받는다고 볼 수 있다. 따라서 화자가 똑같은 추측 표현 '-을걸'을 사용하더라도 담화 상황에 따라 확실성이 더 강하게 나타날 수도 있다.

(42) 가. 시험에 합격하기 {*어려울걸요/어려울 거예요}.
　　　나. ㄱ: 준이가 이번 시험도 잘 볼까요?
　　　　　　ㄴ: 이번에는 합격하기 어려울걸요. 학교에 많이 빠졌잖아요.
　　　다. 저 사람은 틀림없이 천벌을 {?받을걸/받을 거야./?받겠어}.

(42가)처럼 담화를 시작하는 상황에서 '-을걸'은 사용이 어색하지만 (42나)처럼 담화가 이미 이루어진 상황에서는 '-을걸'이 자연스럽게 사용될 수 있다. 그리고 '-을걸'은 구어에서 친분이 있는 사이에서 자주 사용되

므로 격식적인 상황에서 사용되기 어렵고 (42다)와 같이 세상의 진리나 변하지 않는 이치를 나타내는 데에도 사용될 수 없다.

추측 표현 '-을걸'도 완곡의 기능으로 사용되기는 하나 활발히 사용되지는 않는다.

이상으로 '-을걸'의 특징을 살펴보았는데 내용을 정리해 보면 다음과 같다.

<'-을걸' 특성>

	특성
형태·통사	**[+주어 인칭 제약]** •1, 2인칭 주어 제약 있음 •화자의 불확실한 인지 사태나 미실현 사태를 나타내는 경우 1, 2인칭 주어 가능 **[+후행 결합 제약]** •종결어미이므로 다른 어미와 결합 불가
의미·화용	**[판단 시점]** •발화하는 현재의 판단만 나타냄 **[판단 주체]** •화자의 판단만 나타냄 **[+후회, 체념, 다행]** •반사실적 가정 조건문과 사용되어 문맥사 '후회, 체념, 다행' 등의 의미를 가짐 **[+판단 근거 제약]** •과거 경험만 가능 **[확실성 상]** **[+담화 제약]** •담화를 시작할 때 사용되지 않음 •청자의 반응을 기대할 때 사용 •세상의 진리나 변하지 않는 이치에 사용되지 않음 **[+구어, 비격식]** **[+완곡의 기능]** •제한적으로 사용

2.5. '-은/는/을 것 같-'

추측 표현 '-은/는/을 것 같-'은 관형사형 어미 + 의존 명사 '것' + 용언 '같다'가 결합된 구성으로, 구어 말뭉치 사용 빈도와 한국어 교재에 제시된 빈도가 가장 높은 추측 표현이다. 그리고 '-은/는/을 것 같-'은 다른 의미로는 사용되지 않고 오직 추측의 의미로만 사용되는 표현이다.

추측 표현 '-은/는/을 것 같-'도 다른 추측 표현들과 같이 1, 2인칭 주어 제약이 있지만 다음과 같은 상황에서는 1, 2인칭이 주어로 사용될 수 있다.

(43) 가. {*나는/*너는/지애는} 지금 집에 가는 것 같아.
　　　나. (걸어가다가 넘어진 후) {*나는/너는/지애는} 아픈 것 같아.
　　　다. 나 요즘 좀 우울한 것 같아.
　　　라. 내가 지애한테 실수한 것 같아.

예문 (43가)처럼 발화 현장에서 화자가 직접 행동/행위를 하고 있거나 화자가 청자의 행동을 현장에서 직접 보는 경우에는 '-은/는/을 것 같-'을 사용해 사태를 판단할 수 없다. 그러나 주어가 3인칭일 때는 매우 자연스럽다. 반면에 (43나)와 같은 상황에서는 1인칭이 불가능하지만 2, 3인칭은 가능하다. 일반적으로 화자는 자신의 감정과 느낌에 대해 스스로가 가장 잘 알고 있기 때문에 1인칭 화자의 현재 내적/심리 상태를 추측하여 표현할 수 없다. (43나)처럼 '아프다'는 자극을 받아 느끼는 괴로움으로 화자가 직접 느끼는 아픔을 추측으로 표현할 수 없으므로 1인칭 주어는 사용 불가능하지만, 화자는 타인의 고통을 직접 느낄 수 없기 때문에 2, 3인칭 주어의 내면 상태에 대해서는 추측이 가능하다.

그러나 (43다)와 같이 화자 자신도 잘 모르는 확신할 수 없는 경우에는 '-은/는/을 것 같-'을 사용해 화자의 내적/심리 상태를 나타내는 데 사용되기도 하는데 대체로 어색한 편이다. 그리고 (43라)처럼 자신이 미처 몰랐던 일을 나중에 깨달은 경우에도 1인칭이 주어가 사용될 수 있다. 따라서 '-은/는/을 것 같-'은 1, 2인칭 주어 제약을 가지지만 화자가 자신과 관련된 어떤 행위나 상태를 몰랐다가 깨닫게 되었거나 화자의 불확실한 내적/심리 상태를 나타내는 경우에는 1, 2인칭이 주어로 사용될 수 있다.

'-은/는/을 것 같-'은 선행 결합 용언 제약이 없고 또한 시제 제약도 없어 과거, 현재, 미래의 사태를 모두 나타낼 수 있다.

(44) 가. 눈이 {온 것 같아요/왔던 것 같아요/왔을 것 같아요}.
　　　나. 날씨가 {추웠던 것 같아요/추웠을 것 같아요}.
　　　다. 밖에 눈이 {온 것 같았어요/?왔던 것 같았어요/왔을 것 같았어
　　　　　요}.
　　　라. 날씨가 {?추웠던 것 같았어요/추웠을 것 같았어요}.
　　　마. 밖에 눈이 {오는 것 같아요/오는 것 같았어요}.
　　　바. 날씨가 {추운 것 같아요/추운 것 같았어요}.
　　　사. 눈이 {올 것 같아요/올 것 같았어요}.
　　　아. 날씨가 {추울 것 같아요/추울 것 같았어요}.

(44가)~(44라)는 과거 사태를 추측한 예이고 (44마)와 (44바)는 현재의 사태를, (44사)와 (44아)는 미래의 사태를 추측한 예이다. (44가)~(44

라)처럼 과거 사태를 추측할 때 동사와 결합하면 '-은 것 같-, -았던 것 같-, -았을 것 같-' 형태로 사용되고, 형용사와 결합하면 '-았던 것 같-, -았을 것 같-' 형태로 사용된다, 현재 사태를 추측할 때는 동사와 결합하면 '-는 것 같-', 형용사와 결합하면 '-은 것 같-' 형태로 사용되고 미래의 사태를 추측할 때는 동사, 형용사 모두 '-을 것 같-' 형태로 사용된다.[24]

과거 시제 선어말어미 '-았-'은 '-은/는/을 것 같-' 선·후행에 모두 결합할 수 있는데, 선어말어미 '-았-'과의 결합 여부는 판단 시점과도 관련이 있다. 과거 시제 선어말어미 '-았-'이 '-은/는/을 것 같-'에 선행할 경우 판단이 일어난 시점은 발화하는 현재가 되고, '-았-'이 후행할 경우 판단이 일어난 시점은 과거가 된다. '-은/는/을 것 같-'은 '-았-'이 앞뒤에 모두 결합이 가능하기 때문에 완료된 사태에 대해 화자가 발화하는 시점에 판단을 내릴 수도 있고 또는 과거에 내린 판단을 현재 발화할 수도 있다.

(44가)와 (44나)처럼 '-은/는/을 것 같-'이 과거에 완료된 사태에 대해서 추측하여 나타낼 때 '-은 것 같-, -았던 것 같-, -았을 것 같-' 형태로 사용될 수 있는데 이들은 미세하게 의미 차이를 가진다. 이필영(1998)은 관형적 구성으로 이루어진 추측 표현 연구에서 관형사형 어미를 크게 '-은' 계열(-은, -던, -는)과 '-을' 계열로 나누고, '-은' 계열은 사태를 실재하는 것으로 인지하고 '-을' 계열은 실재할 가능성이 있는 것으로 인지한다고 보았다. 다시 말해서 '-은' 계열은 사태를 과거에 완료되었거나 현재

---

24   사태를 구분할 때 현실 세계(과거와 현재)와 비현실 세계(미래)로 구분하기도 하는데 이 책은 외국인을 위한 한국어 교육을 목적으로 하기 때문에 외국인 한국어 학습자들이 접근하기 쉽도록 과거, 현재, 미래로 구분하였다.

진행되고 있는 하나의 사실로 인식하는 반면에 '-을' 계열은 사태를 사실이 될 가능성이 있는 것으로 인식하는 것이다.

따라서 (44가)의 '어제 눈이 온 것 같아요'는 눈이 왔다는 사실에 대해서 화자의 불확실한 판단을 나타낸 것이고 '어제 눈이 왔을 것 같아요'는 눈이 왔을 가능성에 대한 불확실한 판단을 나타낸 것이다. 이 의미 차이를 외국인 학습자들에게 정확하게 설명하기란 쉽지 않지만 상황으로 어느 정도 의미 차이를 설명해 줄 수 있을 것이다. '눈이 왔다'는 사태를 하나의 사실로 받아들이기 위해서는 그와 관련된 것을 지각할 때 가장 확실해지는데 예를 들어 아침에 일어났을 때 지붕이나 길에 약간 남아 있는 눈의 흔적을 보고 우리는 눈이 온 것을 인지할 수 있다. 그러나 눈이 오는 것을 직접 본 것이 아니기 때문에 눈이 왔다는 사실을 추측할 수밖에 없는데 이런 경우 '-은 것 같' 사용이 자연스럽다. 반면에 눈이 온 것을 직접 확인하지는 못했지만 기온이 영하로 내려간 것을 보고 높은 산에는 눈이 왔을 수도 있다는 가능성을 추측할 수 있는데 이런 경우 '-았을 것 같' 사용이 자연스럽다.

(44다)와 (44라)는 과거의 완료된 사태에 대한 과거의 판단을 나타낸 것인데 '-은 것 같았-'과 '-았을 것 같았-'은 사용이 아주 자연스러운 반면 '-았던 것 같았-'은 불가능하지는 않지만 다소 부자연스럽다. 그것은 아마도 판단 시점이 발화 시점 이전인 데다가 판단이 이루어진 과거에서 '-던'에 의해 다시 한번 더 이전으로 시점을 이동해야 하기 때문인 것으로 보인다. 과거를 나타내는 어미는 중복되어 사용될 수 없으므로 선어말어미 '-았-'은 과거형 관형사형 어미 '-은'과는 결합할 수 없다.

추측 표현 '-은/는/을 것 같-'은 명령형, 청유형을 제외하고는 다양한 어미들과 결합이 자유롭다. 앞에서 살펴본 것처럼 과거 시제 선어말어미 '-았-'이 후행 결합할 수 있고, 의문형 종결어미와 결합해 의문형으로도 사용될 수 있다. 의문형으로 사용되는 경우 양태 담지자 전환이 일어나 판단 주체가 청자가 되게 되는데 추측 표현 중에서 의문형으로 사용이 가능한 것도 있고 그렇지 못한 것도 있다.

(45) 가. 나는 아마 내일 학교에 {늦을 것 같아/늦겠어/늦을 거야}.
　　 나. 지애야, 너 내일 학교에 {늦을 것 같아?/늦겠어?/*늦을 거야?}

(45가)는 평서문으로 거의 모든 추측 표현이 평서형으로 사용될 수 있다. 반면 (45나)처럼 '-은/는/을 것 같-'과 '-겠-'은 의문문으로 사용될 수 있지만 '-을 것이-'는 의문문으로 사용될 수 없다. 이렇듯 추측 표현마다 종결어미 결합의 제약이 다르다.

다음으로 '-은/는/을 것 같-'의 의미·화용적 특성을 살펴보도록 하자.

먼저 추측 표현 '-은/는/을 것 같-'은 판단 주체에 대한 제약이 없다. 일반적으로 추측 표현의 판단 주체는 화자 자신인 경우가 대부분이지만 의문형에서처럼 청자가 판단 주체가 될 수도 있고 경우에 따라서는 제삼자(주절이나 후행절의 주어)도 판단의 주체가 될 수 있다.

(46) 가. 지애는 아마 내일 학교에 {늦을 것 같다/늦겠다/늦을 거다}.
　　 나. 지애야, 너 내일 학교에 {늦을 것 같아?/늦겠어?/*늦을 거야?}
　　 다. 지애는 준이가 학교에 {늦을 것 같다고/늦겠다고/늦을 거라고}

했다.

　라. 지애는 준이가 학교에 늦을 것 같아서 서둘러 깨웠다.

　(46가)는 화자가 판단의 주체가 된 경우이고 (46나)는 청자가, (46다)와 (46라)는 제 삼자인 주절이나 후행절의 주어가 판단의 주체가 된 경우인데 이처럼 '-은/는/을 것 같-'은 판단 주체에 대한 제약이 없다.

　추측 표현 의미 연구에서 가장 많이 논의되는 것이 '확실성'인데 화자가 명제 사태에 대해 얼마만큼 확신이 있느냐에 따라 사용되는 추측 표현이 달라지기 때문에 추측 표현들의 확실성의 차이를 밝히는 것이 매우 중요하다.

　추측 표현 '-은/는/을 것 같-'은 확신의 정도가 아주 높지도 낮지도 않은 중간 정도의 표현으로 볼 수 있다. 이렇게 볼 수 있는 이유 중의 하나는 '-은/는/을 것 같-'은 추측하는 명제 내용의 반대 상황이 발생할 가능성을 동시에 내포하고 있기 때문이다. (46가)는 화자가 '지애가 내일 학교에 늦을 것이다'로 판단하고 있지만 동시에 '학교에 늦지 않을 수도 있다'라는 가능성을 내포하고 있다. 그래서 (46가)를 '지애는 내일 학교에 늦을 것 같기도 하고 안 늦을 것 같기도 하다'처럼 한 문장 안에 화자가 추측하는 명제 내용과 그와 반대되는 내용을 함께 표현했을 때 '-은/는/을 것 같-' 사용이 아주 자연스럽다.[25]

25　이지연(2018)에서는 추측 표현의 양태 강도를 살펴보기 위한 방법으로 '긍정 명제와 부정 명제의 양립 가능성 여부'를 제시하였는데, 긍정 명제와 부정 명제가 양립 가능한 경우 화자의 믿음의 정도는 50%가 되며 추측 표현 '-은/는/을 것 같-'이 여기에 해당한다고 보았다.

모든 추측 표현은 판단 근거가 있다. 판단 근거가 명시적으로 드러나지 않더라도 모든 판단에는 반드시 근거가 존재하기 마련이다. 판단 근거는 여러 가지 방법으로 구분해 볼 수 있는데 객관적/주관적, 현장 경험/과거 경험, 지각 경험/비지각 경험 등으로 나누어 볼 수 있다. 추측 표현 '-은/는/을 것 같-'은 판단 근거 제약 없이 두루 사용된다. 다만 확실성이 중간 정도의 표현이기 때문에 판단 근거가 신문 기사문이나 일기 예보, 책 등과 같이 신뢰성이 높은 객관적인 정보보다는 주관적인 것에 더 자연스럽다.

(47) 가. (일기 예보를 듣고) 내일 비가 {?올 것 같아요/오겠어요/올 거예요}.

나. (하늘을 보며) 내일 비가 {올 것 같아요/오겠어요/*올 거예요}

(47가)는 신뢰할 만한 정보인 일기 예보를 듣고 내일 날씨를 추측하는 경우로 '-은/는/을 것 같-' 사용이 전혀 불가능한 것은 아니지만 '-은/는/을 것 같-'보다는 '-겠-'이나 '-을 것이-'가 더 자연스럽다. 반면에 (47나)는 화자가 하늘을 보며 화자의 직관이나 느낌으로 내일 날씨를 추측하는 경우로 이때는 '-은/는/을 것 같-'이 가장 자연스럽고 '-을 것이-'는 불가능하다. (47나)에서 '-을 것이-'가 불가능한 이유가 판단 근거의 객관성과 주관성 때문만은 아니지만, 판단 근거를 객관적이나 주관적(화자의 느낌이나 직관)이냐로 보았을 때 '-은/는/을 것 같-'은 객관적인 것에도 사용될 수 있지만 주관적인 것에 사용이 더 자연스럽다.

일반적으로 객관적인 근거를 바탕으로 판단했을 때 그 확실성이 높아질 수밖에 없는데 '-은/는/을 것 같-'은 추측하는 명제 내용의 반대 상황이 발생할 가능성도 동시에 내포하고 있으므로 신뢰성이 높은 객관적인 근거보다는 주관적인 근거가 더 자연스럽다. 그러나 판단 근거를 객관적이냐 주관적이냐로 구분하기란 쉽지가 않다. 객관적인 정보가 화자에 내재되어 있다가 직관이나 느낌에 영향을 줄 수 있기 때문에 판단 근거를 객관적/주관적으로 구분하기에 어려움이 있다. 특히 한국어 학습자들에게 이들 개념에 대한 명확한 기준을 제시해 줄 수 없으므로 이것을 한국어 교육에 적용하기에 무리가 있다.

　판단 근거를 또한 발화 현장에서 경험되는 지각 경험과 비지각 경험으로 나누어 볼 수 있는데 지각 경험은 시각, 청각, 촉각 등 감각을 통해 경험되는 것을 말하고 비지각 경험은 감각으로 경험되지 않는 화자의 사고, 느낌 등을 말한다.

(48) 가. (음식을 보고) {맛있겠어요/맛있을 것 같아요/*맛있을 거예요[26]}.

　　나. (물 온도를 손으로 확인하고)

　　　이제 목욕해도 {되겠어요/될 것 같아요/*될 거예요}.

　　다. (피아노 소리를 듣고)

　　　이 피아노는 {비싸겠어요/비쌀 것 같아요/*비쌀 거예요}.

　　라. 제 느낌에는 지금 비가 {*오겠어요/오는 것 같아요/*올 거예요}.

　　마. 제 생각에는 지애 씨가 안 {갔을 것 같아요/*갔겠어요/*갔을 거예요}.

　(48가)~(48다)는 지각 경험이 판단 근거로 사용된 예이고 (48라)~(48

26　이 경우는 화자가 이전 경험 없이 발화 현장에서 처음으로 경험을 한 경우다.

마)는 비지각 경험이 판단 근거로 사용된 예인데 추측 표현 '-은/는/을 것 같-'은 판단 근거가 지각적 경험이든지 비지각적 경험이든지에 상관없이 모두 사용될 수 있다. 그러나 '-겠-'은 비지각적 경험에는 사용될 수 없고 '-을 것이-'는 지각/비지각적 경험에 모두 사용될 수 없는데 이 문제는 '-을 것이-' 부분에서 자세히 다루기도 하겠다. 그리고 추측 표현 '-은/는/을 것 같-'은 발화 현장에 존재하는 것을 바탕으로 추측할 수도 있고 과거의 경험을 바탕으로 추측할 수도 있고, 판단 근거가 발화 현장에 존재하지 않아도 상관없다. 따라서 추측 표현 '-은/는/을 것 같-'은 판단 근거에 특별한 제약 없이 사용될 수 있다.

추측 표현 '-은/는/을 것 같-'은 추측의 기능 이외에 완곡의 기능을 가진다. 많은 추측 표현들이 추측의 기능과 더불어 완곡의 기능을 가지는데 그 이유는 화자가 자신의 판단을 불확실하게 표현함으로써 상대방의 체면 손상을 줄이거나 더 공손하게 말할 수 있기 때문이다. 그중에서도 '-은/는/을 것 같-'은 다른 추측 표현들보다 제약이 적기 때문에 사용이 쉽고, 확신의 정도가 높지 않기 때문에 완곡한 표현으로 많이 사용된다.

> (49) 가. 제 생각에는 옷이 좀 {큰 것 같아요/*클 거예요/*크겠어요}.
> 나. 교수님, 내일 수업에 못 {올 것 같습니다/못 올 거예요}.

(49)는 '-은/는/을 것 같-'이 완곡어법으로 사용된 예로, (49가)는 '옷이 안 어울린다'라는 화자의 생각을 완곡하게 표현한 것인데 이때 '-을 것이-'와 '-겠-'은 사용될 수 없다. (49나)는 '내일 학교에 못 온다'라는 명제를 윗사람에게 전달할 때 사실 자체를 말하지 않고 가능성이 있는 것으로

표현해 상대방에게 공손하게 말하고 있다. 이때 '-은/는/을 것 같-' 대신에 '-을 것이-'를 사용하면 공손의 의미가 느껴지지 않는다.

추측 표현 '-은/는/을 것 같-'은 구어, 비격식적 상황에서 자주 사용되기 때문에 전문적이고 공식적, 학술적인 상황에는 잘 사용되지 않는다.

이상으로 '-은/는/을 것 같-'의 특징을 살펴보았는데 내용을 정리해 보면 다음과 같다.

<'-은/는/을 것 같-' 특성>

	특성
형태·통사	**[+주어 인칭 제약]** •1, 2인칭 주어 제약 있음 •화자의 불확실한 인지 사태나 미실현 사태를 나타내는 경우 1, 2인칭 주어 가능 •화자의 내적/심리상태를 나타낼 수 있음 **[+후행 결합 제약]** •명령형, 청유형 결합 불가
의미·화용	**[판단 시점]** •과거와 현재의 판단을 모두 나타냄 **[판단 주체]** •화자, 청자, 제삼자의 판단을 나타낼 수 있음 **[확실성 중]** **[+완곡의 기능]** **[+구어, 비격식]** •전문적, 공식적, 학술적인 상황에 사용 제약

2.6. '-은/는/을 듯하-'

'-은/는/을 듯하-'는 '-은/는/을 것 같-'과 의미가 비슷한 추측 표현으로 이지연(2018)에서는 '-은/는/을 듯하-, -은/는/을 것 같-'은 큰 의미 차이 없이 문장에서 교체 사용이 가능하다고 하였다.

'-은/는/을 듯하-'는 다른 추측 표현들과 마찬가지로 1, 2인칭 주어 제약이 있지만 화자가 미쳐 몰랐던 사실을 깨닫게 되었거나 미실현 사태를 나타내는 경우 주어 인칭 제약 없이 모든 인칭이 사용될 수 있고 화자의 내적/심리 상태도 나타낼 수 있다.[27]

> (50) 가. {제가/네가/지애가} 어제 실수를 한 듯해.
>
> 　　　나. {나는/*너는/*지애는} 오늘 머리가 좀 아픈 듯해.

(50가)처럼 '-은/는/을 듯하-'는 화자가 과거에 몰랐던 사실을 나중에 깨닫게 되었을 경우 주어 인칭 제약 없이 모든 인칭이 주어로 사용될 수 있고, (50나)처럼 화자의 내적 상태를 나타내는 데도 사용될 수 있다.

추측 표현 '-은/는/을 듯하-'는 결합 용언 제약과 시제 제약이 없고, 청유형과 명령형 어미를 제외하고는 후행에 다양한 어미들이 결합될 수 있다.

> (51) 가. 그날 지애는 좀 아픈 듯했어요.
>
> 　　　나. 허겁지겁 먹는 걸 보니까 며칠은 굶은 듯하지?
>
> 　　　다. 내일 날씨가 좀 추울 듯하니까 옷을 많이 가져가.

27　이미혜(2005)에서는 '-은/는/을 것 같-'과 '-은/는/을 듯하-'는 화자의 내적 경험을 기술하는 데 사용된다고 하였다.

(51가)는 과거의 사태를, (51나)는 현재의 사태를, (51다)는 미래의 사태를 나타내는데, (51가)처럼 과거 시제 선어말어미 '-았-'은 '-은/는/을 듯하-' 뒤에 결합되어 과거의 판단을 나타낼 수 있다. (51나)는 '-은/는/을 듯하-'가 의문형 어미와 결합하여 청자의 판단을 물어보는 데 사용되었고, (51다)는 연결어미 '-으니까'와 결합해 후행절의 원인이나 이유를 나타내는 데 사용되었다. 이처럼 추측 표현 '-은/는/을 듯하-'는 형태·통사적 특별한 제약이 없다.

'-은/는/을 듯하-'는 판단 근거에 제약이 없지만 이기종(1996)에서 제시한 것처럼 명백한 근거가 드러나는 문맥에서는 잘 사용되지 않는데 이것은 '-은/는/을 듯하-'의 확신의 정도와 관련이 있는 것으로 보인다. '-은/는/을 듯하-'는 확신의 정도가 낮은 추측 표현인데 판단의 근거가 확실히 드러나는 경우 확신의 정도가 높을 수밖에 없기 때문에 확신의 정도가 낮은 추측 표현은 판단 근거가 명백히 드러나는 상황에서는 쓰이기가 어렵다.[28]

> (52) 가. (일기 예보를 본 후) *내일 비가 올 듯해요.
> 나. 내 느낌에는 내일 비가 올 듯해.

(52가)처럼 일기 예보라는 근거가 확실한 상황에서는 '-은/는/을 듯하-'가 어색하지만 판단 근거가 화자의 느낌인 경우에는 '-은/는/을 듯하-'의

---

28 이미혜(2005)에서 추측 표현의 확실성 정도를 '-은/는/을 것 같-'은 '-을 것이-'보다 확실성이 낮고, '-은/는/을 듯하-'보다 확실성이 높다고 보았다.

사용이 자연스럽다.

'-은/는/을 듯하-'는 '-은/는/을 것 같-'처럼 화자와 청자 그리고 제삼자의 판단을 나타낼 수 있는데 아래 (53가)는 화자의 판단을, (53나)는 청자의 판단을 그리고 (53다)는 제삼자의 판단을 나타내고 있다.

(53) 가. 지애는 아마 오늘 학교에 늦을 듯하다.
    나. 지애야, 오늘 숙제 끝내기는 좀 어려울 듯해?
    다. 지애는 준이가 학교에 늦을 듯해서 서둘러 깨웠다.

이기종(1996)에서는 '-은/는/을 듯하-'는 사태를 지식적으로 표상하므로 '-은/는/을 것 같-, -은/는/을 듯싶-'에 비해 완곡어법에는 잘 쓰이지 않는 경향이 있다고 보았다. 그러나 '-은/는/을 듯하-'가 '-은/는/을 것 같-, -은/는/을 듯싶-'에 비해서 단정적인 느낌이 들기는 하지만 '-을 것이-'처럼 단정적으로 말하는 것이 아니므로 충분히 완곡의 기능을 가진다고 볼 수 있다.

(54) 지금 출발하시는 게 {좋을 겁니다/좋을 것 같습니다/좋을 듯합니다
    /좋을 듯싶습니다}.

위 (54)에서 '-을 것이-'는 화자가 단정적으로 확신 있게 말하기 때문에 완곡의 기능을 가지지 않지만 '-은/는/을 것 같-, -은/는/을 듯하-, -은/는/을 듯싶-'은 강도의 차이는 있지만 모두 자신의 의견을 부드럽게 표현하는 완곡의 기능을 나타내고 있다. '-은/는/을 듯하-'가 '-은/는/을 듯싶-'

에 비해 완곡성이 조금 떨어지기는 하지만 큰 제약 없이 완곡 표현으로 사용될 수 있다.

이상숙(2021)의 말뭉치 분석 결과처럼 '-은/는/을 듯하-'는 구어보다 문어에서 더 많이 사용되고, '-은/는/을 것 같-'보다 더 격식적인 상황에 사용된다.

이상으로 '-은/는/을 듯하-'의 특징을 살펴보았는데 내용을 정리해 보면 다음과 같다.

<'-은/는/을 듯하-' 특성>

	특성
형태·통사	**[+주어 인칭 제약]** •1, 2인칭 주어 제약 있음 •화자의 불확실한 인지 사태나 미실현 사태를 나타내는 경우 1, 2인칭 주어 가능 •화자의 내적/심리 상태를 나타낼 수 있음 **[+후행 결합 제약]** •명령형, 청유형 결합 불가
의미·화용	**[판단 시점]** •과거와 현재의 판단을 모두 나타냄 **[판단 주체]** •화자, 청자, 제삼자의 판단을 나타낼 수 있음 **[확실성 하]** **[+완곡의 기능]** **[+문어, 격식적]**

2.7. '-은/는/을 모양이-'

추측 표현 '-은/는/을 모양이-'는 '관형사형 어미 + 명사 + 서술격 조사'가 결합된 구성으로 한국어 교육 현장에서 중요하게 다루는 추측 표현 중의 하나이다. 그러나 구어 말뭉치 분석 결과에서는 사용 빈도가 아주 낮게 나타났는데, 이것은 추측 표현 '-은/는/을 모양이-'가 문어에서 선호되는 표현이기 때문에 구어에서 많이 사용되지 않은 것으로 볼 수 있다.

'-은/는/을 모양이-'는 화자가 관찰자 입장에서 사태와 거리를 유지하고 있기 때문에 발화 참여자 즉 1인칭 화자 자신이 참여하고 있는 현재 사태에 대해서는 사용하기 어렵다. 그러나 화자가 과거나 현재의 인지하지 못한 사태에 대해서는 추측이 가능하기 때문에 1, 2인칭도 주어로 사용될 수 있다. 그렇지만 '-은/는/을 모양이-'는 화자의 내적 상태를 나타내는 데에는 사용될 수 없다.

(55) 가. {*나는/*너는/지애는} 지금 밥을 먹는 모양이에요.
　　 나. {나는/너는/지애는} 어제 술을 너무 마셔서 친구한테 실수를
　　　　 좀 한 모양이야.
　　 다. 나는 오늘 기분이 좀 안 {좋은 것 같아/*좋은 모양이야}.

(55가)처럼 발화 현장에서 발화 참여자 간에 발생한 사태에 대해서는 추측을 나타낼 수 없다. 그러나 (55나)처럼 화자가 인지하지 못한 사태에 대해서는 1, 2인칭이 주어로 올 수 있지만, (55다)처럼 화자의 내적 상태를 나타낼 때는 '-은/는/을 모양이-'는 사용될 수 없다. 반면 '-은/는/을 것

같-'은 가능하다.

추측 표현 '-은/는/을 모양이-'는 선행 결합 용언 제약이 없고 시제 제약도 없다. 과거형 선어말어미 '-았-'은 선행 결합은 자연스럽고 후행 결합은 자연스럽지는 않지만 불가능한 것은 아니다.

(56) 가. ?어제 지애가 실수를 한 모양이었다.
　　　나. 무전기를 통해 들어오는 소리로 보아 그는 아직 잡히지 않은 모양
　　　　　이었다.(이기종 1996:129)

(56가)는 사용이 전혀 불가능한 것은 아니지만 아주 자연스럽지는 못하다. 반면 (56나)처럼 문어 특히 소설에서 사용되는 경우에는 쓰임이 자연스럽다. 따라서 '-은/는/을 모양이-'는 화자의 현재의 판단을 나타낼 수도 있고 과거의 판단도 나타낼 수가 있다.

'-은/는/을 모양이-'는 연결어미와는 특별한 제약 없이 결합이 가능하지만 종결어미 제약이 있어 청유형, 명령형, 의문형으로는 사용될 수 없다. 그리고 의문형으로 사용될 수 없기 때문에 청자의 판단 또한 나타낼 수 없다. 따라서 '-은/는/을 모양이-'는 청자와 제삼자의 판단은 나타내지 못하고 화자의 판단만을 나타낼 수 있다.

(57) 가. 개학 첫날이라 많이 피곤한 모양이니 쉬게 그냥 둡시다.
　　　나. 시험을 잘 못 봐서 기분이 안 좋은 모양인데 그렇다고 나에게
　　　　　짜증을 내면 어떻게 해?
　　　다. *지애는 준이가 피곤한 모양이라서 그냥 쉬게 두었다.

(57가)~(57나)는 화자가 판단 주체인 경우로 '-은/는/을 모양이-'는 다양한 연결어미와 자유롭게 사용될 수 있다. 그러나 (57다)처럼 제삼자의 판단을 나타내는 데에는 사용될 수 없다.

추측 표현 '-은/는/을 모양이-'는 화자가 관찰자 입장에서 일정한 거리를 두고 상황을 지켜보기 때문에 화자의 판단이 객관적이라는 느낌이 든다. 따라서 '-은/는/을 모양이-'는 화자가 어떤 사태에 대해 객관적으로 표현해야 하는 상황에서 자주 사용된다.

다음으로 '-은/는/을 모양이-'는 발화 현장에 존재하는 지각 가능한 근거를 바탕으로 추측이 이루어지기 때문에 확실성이 높은 편이지만 화자가 사태를 외부에서 관찰하는 듯한 태도를 지니기 때문에 강하게 확신을 표현하는 데 한계가 있다. 또한, 화자가 객관적인 태도를 지니고 있기 때문에 완곡한 표현으로 사용되기 어렵다. 완곡한 표현으로 사용되기 위해서는 화자의 판단이 틀릴지도 모른다는 태도를 보여야 하는데 '-은/는/을 모양이-'는 그러한 태도를 가지지 않는다. 따라서 '-은/는/을 모양이-'는 완곡의 기능으로 사용되지 않는다.

이상으로 '-은/는/을 모양이-'의 특징을 살펴보았는데 내용을 정리해 보면 다음과 같다.

<'-은/는/을 모양이-' 특성>

	특성
형태·통사	[+주어 인칭 제약] •1, 2인칭 주어 제약 있음 •화자가 인지하지 못한 사실을 나중에 깨달은 경우 1, 2인칭 주어 가능

	[+후행 결합 제약]
	•명령형, 청유형, 의문형 결합 불가
의미·화용	[+관찰자적 태도] [판단 시점] •과거와 현재의 판단을 모두 나타냄 [+판단 근거 제약] •현장 지각 경험만 가능 •직접 경험 불가능 [판단 주체] •화자의 판단만 나타낼 수 있음 [확실성 중]

2.8. '-은/는/을지 모르-'

추측 표현 '-은/는/을지 모르-'는 한국어 4종 교재에 모두 제시되어 있을 정도로 한국어 교육에서는 중요하게 다루는 추측 표현 중 하나이다.

'-은/는/을지 모르-' 역시 다른 추측 표현들과 같이 1, 2인칭 주어 제약이 있지만, 화자가 자신 또는 청자의 행동이나 상태에 대해서 잘 알지 못하거나 발화 이후에 발생 될 일(미실현)에 대해서는 가능성을 추측할 수 있다. 따라서 이 경우에는 1, 2인칭이 주어로 사용될 수 있다.

(58) 가. {*나는/*너는/지애는} 벌써 학교에 간지도 모른다.

나. {나는/너는/지애는} 지금 실수를 하고 있는지도 모른다.

다. 어쩌면 내년 이맘때 {나는/너는/지애는} 한국에 있을지도 모른다.

(58가)는 화자와 청자가 발화에 참여하고 있는 상황에서 화자와 청자가

'학교에 갔다'라는 사태는 사실 또는 거짓으로 판명이 날 수 있는 일이기 때문에 1, 2인칭이 주어로 사용될 수 없다. 다만 (58나)처럼 화자와 청자가 발화 상황에서 자신에게 일어난 또는 일어나고 있는 일에 대해서 잘 인지하지 못하는 경우나, (58다)처럼 자신에게(청자 포함) 일어날 미실현된 사태에 대한 가능성을 추측하는 경우에는 1, 2인칭이 주어로 사용될 수 있다.

추측 표현 '-은/는/을지 모르-'는 결합 용언 제약이 없어 동사, 형용사와 모두 결합이 가능하고 시제 제약이 없어 과거, 현재, 미래의 사태를 나타낼 수 있다. 과거 사태를 나타내는 경우 '-ㄴ지 모르-, -았는지 모르-, 았을지 모르-' 형태로 사용되고, 현재를 나타내는 경우 동사는 '-는지 모르-', 형용사는 '-은지 모르-' 형태로 사용되고, 미래 사태를 나타내는 경우 '-을지 모르-' 형태로 사용된다.

> (59) 가. 아침에 눈이 {내린지도/내렸는지도/내렸을지도} 모른다.
> 나. 지금 밖에 눈이 내리는지도 모른다.
> 다. 지금 신은 신발이 {?작은지도/작을지도} 모른다.
> 라. 글쎄, 오늘 저녁에 친구를 만날지도 몰라.

(59가)는 이미 완료된 사태를 추측하는 예로 과거 사태를 나타낼 때 '-ㄴ지 모르-, 았는지 모르-, 았을지 모르-' 형태로 사용될 수 있는데 '-았는지'와 '-았을지'의 차이는 앞서 언급한 것처럼 사태를 실재하는 것으로 인지하느냐 실재할 가능성이 있는 것으로 인지하느냐의 차이이다. (59다)처럼 형용사와 결합해 현재 사태를 나타낼 때 '-은지 모르-' 형태로 사용

이 가능하나 '-은지 모르-'보다는 '-을지 모르-'가 더 자연스럽다. 예문처럼 '-은/는/을지' 뒤에 조사 '도'가 결합될 수 있는데 이때 조사 '도'는 추측의 의미를 강화시키는 역할을 한다.

과거 시제 선어말 어미 '-았-'은 '-은/는/을지 모르-'에 선행 결합만 가능하고 후행 결합은 불가능하다.[29] 그리고 '-은/는/을지 모르-'는 '모르다'에 '-겠-'이 결합된 '-은/는/을지 모르겠-' 형태로도 자주 사용된다.

'-은/는/을지 모르-'는 연결어미와는 특별한 제약이 없이 결합이 가능하지만 종결어미 제약이 있어 청유형, 명령형으로는 사용될 수 없다. 또한 '-은/는/을지 모르-'는 다음 (60나)처럼 의문형으로 사용돼 청자의 판단을 물어볼 수도 있다. 따라서 1인칭 화자, 청자 그리고 제삼자의 판단을 나타내는 데 모두 사용될 수 있다.

(60) 가. 지애는 지각할지 몰라서 택시를 탔다.
　　　나. 너도 지애가 지각할지도 몰라서 데리러 온 거야?
　　　다. 지애는 준이가 지각할지 몰라서 택시를 태워 보냈다.

'-은/는/을지 모르-'는 확실하지 않은 사태에 대한 긍정의 가능성과 부정의 가능성을 모두 가지고 있기 때문에 화자의 확신의 정도가 매우 낮다. 그래서 '아마, 혹시, 어쩌면' 등과 같은 확실성 정도가 낮은 부사와 자주 공기한다. '-은/는/을지 모르-'는 확실성이 낮으므로 (61다)처럼 확

29　일반적으로 '모르다'는 현재형으로 사용되어 화자의 판단이 발화하는 현재에 일어났음을 나타낸다. 그러나 경우에 따라서 문어에서 '몰랐다'를 사용하여 화자의 과거 인지 사실을 나타내기도 하는데 일반적인 사용은 아니다.

실한 근거가 명시된 상황에서는 잘 사용되지 않는다. 왜냐하면 화자가 확실한 근거를 바탕으로 판단을 하게 되면 화자의 확신은 높을 수밖에 없기 때문이다. 이기종(1996:196)에서는 '-은/는/을지 모르-'는 발화 현장에서 직접 경험한 사실보다는 간접 정보나 화자의 발화 외적 지식 등을 근거로 확실하지 않은 사태에 대한 가능성을 판단하는 표현이라고 정의하였다.

(61) 가. 어쩌면 벌써 기차가 출발했을지도 몰라요.

나. 혹시 지금 오고 있는 중일지도 모르니까 전화해 보는 게 좋을 것 같아요.

다. (일기 예보를 보고 나서) 오늘 비가 {올 거예요/*올지도 몰라요}.

'-은/는/을지 모르-'는 완곡의 기능으로도 자주 사용되는데 이기종 (1996)에서는 '-은/는/을지 모르-'는 확신의 정도가 낮아 단언적 느낌이 덜 들기 때문에 완곡 기능으로도 자주 사용된다고 보았다.

이상으로 '-은/는/을지 모르-'의 특징을 살펴보았는데 정리해 보면 다음과 같다.

<'-은/는/을지 모르-' 특성>

	특성
형태·통사	**[+주어 인칭 제약]** •1, 2인칭 주어 제약 있음 •화자의 불확실한 인지 사태나 미실현 사태를 나타내는 경우 1, 2인칭 주어 가능

	[+후행 결합 제약] •명령형, 청유형 결합 불가 •선어말어미 '-았-' 결합 불가
의미·화용	**[판단 주체]** •화자, 청자, 제삼자의 판단을 나타낼 수 있음 **[판단 시점]** •발화하는 현재의 판단만 나타냄 **[+판단 근거 제약]** •확실한 근거가 명시된 상황에서 사용 불가 **[확실성 하]** **[+완곡의 기능]**

2.9. '-을 것이-'

추측 표현 '-을 것이-'는 구어 말뭉치 분석에서 세 번째로 사용 빈도가 높은 추측 표현이다. '-을 것이-'는 '관형사형 어미 + 의존 명사 + 서술격 조사'가 결합된 형태로 앞에서 살펴본 것과 같이 추측과 의지 의미로 사용되는 표현이다.[30]

추측 표현 '-을 것이-'는 추측의 선어말어미 '-겠-'과 의미가 유사해 그동안 이들 사이의 공통점과 차이점을 밝히려는 연구들이 많았다. 성기철 (2007)처럼 한 가지 자질로 두 표현의 차이를 논하기도 하고 박재연(2018) 처럼 대립과 비대립 환경으로 나누어 논하기도 하였다. 두 표현의 의미 차이를 알기 위해서는 우선 추측 표현 '-을 것이-'가 가진 특성을 자세히

---

30   구어 말뭉치 분석에서 '-을 것이-' 총 사용 빈도 중 추측의 의미로 사용된 빈도는 54. 45%로, 추측의 의미로 더 많이 사용됨을 알 수 있다.

살펴보아야 한다.

먼저 추측 표현 '-을 것이-'의 형태·통사적 특성을 살펴보도록 하자.

추측 표현 '-을 것이-'도 다른 추측 표현들과 마찬가지로 현재 사태를 나타내는 경우 1, 2인칭 주어 제약을 가진다.

특히 '-을 것이-'처럼 추측과 의지의 의미로 사용되는 표현들은 대부분 1인칭 주어가 동사와 결합하면 의지로 해석된다. 그러나 아래 예문과 같이 동사가 비행동성을 가지거나 가정 명제를 조건으로 할 경우, 1인칭 주어가 동사와 결합해도 추측의 의미를 나타낼 수 있다.

> (62) 가. {*나는/*너는/지애는} 지금 슬플 것이다.
>   나. {*나는/*너는/지애는} 지금 친구를 만나고 있을 거야.
>   다. {*나는/너는/지애는} 내일 친구를 만날 것이다.
>   라. 지금 출발하면 {나는/너는/지애는} 10분 후에 도착할 것이다.
>   마. {내가/네가/지애가} 그 사실을 미리 알았더라면 {나는/너는/지애
>   는} 거기에 갔을 것이다.

(62가)와 (62나)처럼 현재의 상태나 상황을 추측하는 경우 1, 2인칭은 주어로 사용될 수 없다. 그리고 (62다)처럼 동사가 행동성을[31] 가질 때 1인칭 주어는 행동자가 되어 주어의 의지를 나타내기 때문에 역시 1인칭 주어는 사용될 수 없다. 그러나 (62라)처럼 동사가 비행동성을 가지거나

---

[31] 서정수(1996:625)에서 동사의 행동성이란 행동자(주어)의 능동적 동작, 즉 행동자의 능동적인 의도적 움직임을 나타내는 것을 말하는 것으로 한국어 동사 중에 행동성을 지닌 동사가 많고, 경우에 따라 행동성과 비행동성으로 둘 다 사용될 수 있는 동사들도 있다.

(62마)처럼 가정 조건이 올 경우 1인칭 주어가 동사와 결합하더라도 추측을 나타낼 수 있다.

추측 표현 '-을 것이-'는 선행 용언 결합 제약이 없고 시제 제약도 없어 과거, 현재, 미래의 사태를 추측하는 데 모두 사용될 수 있다.

> (63) 가. 지애는 어제 거기에 갔을 거예요.
>   나. 지애는 지금 거기에 가고 있을 거예요.
>   다. 지애는 내일 거기에 갈 거예요.
>   라. *지애는 거기에 갈 것이었어요.

(63가)는 과거의 완료된 사태에 대한 추측, (63나)는 현재 사태에 대한 추측을, (63다)는 미래 사태에 대한 추측을 나타내고 있다. 과거시제 선어말어미 '-았-'은 (63가)처럼 '-을 것이-'에 선행해 완료 사태에 관한 판단을 나타낼 수는 있지만 (63라)처럼 후행 결합은 불가능하다. 따라서 판단 시점은 항상 발화하는 현재가 된다.

추측 표현 '-을 것이-'는 연결어미와의 결합에 제약을 받지 않지만, 종결어미 결합에는 제약을 많이 받는다.

> (64) 가. 오늘 날씨가 {추울 것이니까/추울 것인데/추울 것이고} …….
>   나. (네 생각에) 내일 날씨가 {좋을까?/좋을 것 같아?/좋겠어?/* 좋을 거야?}
>   다. 지애는 벌써 학교에 {갔겠지/*갔을 것이지}.

'-을 것이-'는 (64가)처럼 다양한 연결어미와 결합될 수 있는 반면 (64

나)와 (64다)처럼 종결어미 결합에는 제약을 받는다. '-을 것이-'는 청유형과 명령형, 의문형 종결어미와 결합할 수 없고, 종결어미 '-지'와도 결합제약이 있다. '-지'는 화자의 '이미 앎'을 나타내는데 '-을 것이-'도 역시화자의 과거 경험을 바탕으로 하기 때문에 판단이 일어나는 시점에 이미알고 있음을 전제한다. 따라서 동일한 의미를 지닌 두 표현이 중첩해서쓰일 수 없으므로 '-을 것이-'는 '-지'와의 결합에 제약을 받는 것으로볼 수 있다.

다음으로 '-을 것이-'의 의미·화용적 특성을 살펴보도록 하자.

추측 표현 '-을 것이-'의 의미 연구에서 가장 많이 논의된 자질은 확실성이다. 서정수(1978), 이미혜(2005), 엄녀(2009), 이필영(2012), 황주하(2018)에서는 '-을 것이-'를 확실성이 높은 표현으로 본 반면, 이기용(1978)에서는반대로 '-을 것이-'를 확실성이 약한 표현으로 보았다. 또한 이기종(1996),오승은(2018)에서는 확실성의 정도가 문맥이나 화자에 따라 변할 수 있는것으로 보기도 했다.

대부분의 선행 연구에서는 '-을 것이-'를 확실성이 높은 표현으로 보고있는데 확실성의 정도는 여러 가지 요소들이 복합적으로 작용하여 결정된다. 추측 표현의 확실성 정도를 판단할 수 있는 가장 일차적인 방법은판단 근거가 객관적인 것인지 주관적인 것인지를 따져보는 것인데 판단근거가 책이나 신문, 일기예보처럼 신뢰성이 높은 객관적인 것일수록 판단의 확실성은 높을 수밖에 없다. 다음과 같이 날씨를 추측하는 상황을가정해 보자.

(65) 가. 일기 예보에 의하면 내일 비가 {오겠어요/올 거예요/*올 것 같아

요}.

　나. (하늘을 보면서) 오늘 비가 {오겠어요/올 거예요/올 것 같아요}.

　(65가)는 화자가 신뢰성이 높은 일기 예보를 듣고 내일 비가 오는 사태에 대해 추측하는 것으로 '-겠-'과 '-을 것이-'는 사용이 자연스럽지만 '-을 것 같-'은 어색하다. 반대로 (65나)처럼 객관적인 정보 없이 화자가 하늘을 보면서 직감이나 느낌으로 날씨를 예측할 때 '-겠-, -을 것이-, -을 것 같-'이 모두 사용될 수 있지만 가장 자연스러운 표현은 '-을 것 같-'이다. 직감이라는 것은 판단 근거가 없다는 의미는 아니다. 겉으로 드러나는 판단 근거는 없지만 화자의 내재된 정보(화자의 경험이나 이전에 들은 정보)로 판단하는 것이기 때문에 직감도 판단 근거가 될 수 있다.

　(65나)에서 사용된 추측 표현 중에서 확실성이 가장 높은 표현은 '-을 것이-'다. 이들은 모두 직감을 판단 근거로 사용하고 있지만 직감의 배경이 무엇이냐에 따라 직감에 의한 추측도 확실성이 다를 수 있다. '-을 것이-'는 객관적 근거와 주관적 근거가 모두 판단 근거로 사용될 수 있지만 (65가)처럼 객관적 근거, 신뢰성이 높은 근거를 바탕으로 할 때 사용이 더 자연스럽다. 이 외에도 이필영(1998)에서 제시한 '알다, 믿다'와의 공기 여부, 추측의 확실성을 강화해 가는 과정 등을 통해서 추측 표현 '-을 것이-'의 확실성 정도를 확인할 수 있다. 이런 점을 볼 때 추측 표현 '-을 것이-'는 기본적으로 확실성이 높은 표현으로 볼 수 있다.

　그러나 '-을 것이-'도 '-겠-'과 마찬가지로 '틀림없이'와 같이 확신의 정도가 높은 부사부터 '아마도'와 같이 확신의 정도가 낮은 부사들까지 모두 결합이 가능하다. 일반적으로 확실성이 높은 표현일 경우 확신의 정도가 낮은 부사와 공기가 어색해야 하는데 '-을 것이-'는 '아마도'와 같이 확신의 정도가 낮은 부사와도 공기가 자연스럽다. 이 부분에 대해서는 아직까지 논의가 많이 되지 않았는데 확실한 것은 추측 표현 '-을 것이-'의 확신의 정도가 공기하는 부사에 의해서 결정되는 것은 아니라는 것이다. 물론 어떤 부사와 공기하느냐에 따라 확신의 정도가 어느 정도 영향을 받겠지만 추측 표현의 확신 정도가 부사에 의해서 결정되지는 않는다.

> (66) 가. 지애는 틀림없이 이번 시험에 (합격할 것이다/합격하겠다/합격할
> 　　　것 같다)
> 　　나. 지애는 아마도 이번 시험에 (합격할 것이다/합격하겠다/합격할
> 　　　것 같다)

(66가)는 '-을 것이-'가 확실성이 높은 양태부사 '틀림없이'와 공기한 예이고 (66나)는 불확실성을 나타내는 '아마도'와 공기한 예이다. '틀림없이'가 '아마도'보다 확실성이 높은 것은 사실이지만 '-을 것이-'가 '아마도'와 공기했다고 해서 '-을 것이-'가 다른 표현들보다 확신의 정도가 낮아지는 것은 아니다. 따라서 양태부사가 추측 표현의 확실성을 결정한다고는 볼 수 없다.

확실성의 차이로 외국인 학습자들에게 추측 표현들을 변별해 주기에는 어려움이 있지만 '-을 것이-'처럼 확신의 정도가 다른 추측 표현보다 월등히 높을 경우 확실성을 유의미한 변별 자질로 사용할 수 있을 것이다.

다음으로 판단 근거에 대해서 살펴보도록 하자.

추측 표현 '-을 것이-'와 '-겠-'의 의미 차이를 밝히려는 연구에서 가장

변별력을 갖는 것이 판단 근거이다. 앞에서 살펴본 것처럼 '-겠-'은 현장
성이라는 유의미한 자질을 가지고 있기 때문에 판단 근거가 발화 현장에
존재해야 한다. 그러나 '-을 것이-'는 판단 시점은 발화 현장이지만 판단
근거는 발화 현장에 존재하지 않아도 된다.

> (67) 가. (음식을 보면서) 이 음식 {맵겠어/매울 거야}.
>   나. (메뉴판에서 음식 이름을 보면서) 이 음식 {*맵겠어/매울 거야}.

음식의 맛을 추측하는 상황에서 (67가)는 음식 냄새나 색깔을 보고 음
식이 매울 것으로 판단하는 경우로 이때 '-을 것이-'와 '-겠-'이 모두 자연
스럽게 사용될 수 있다. 그러나 (67나)처럼 주문하기 전 메뉴판에서 음식
이름만 보고 판단하는 경우에는 '-을 것이-'는 자연스럽지만 '-겠-'은 불가
능하다. 왜냐하면 '-겠-'은 판단 근거가 발화 현장에 존재해야 하는 제약
으로 인해 아직 음식을 보지 못한 상태에서는 '-겠-' 사용이 불가능하기
때문이다. 추측 표현 '-을 것이-'가 음식을 보기 전에 이름만 보고 맛을
판단할 수 있는 것은 화자가 과거에 그 음식에 대한 경험이 있기 때문이
다. 다시 말해 '-을 것이-'는 과거의 경험을 바탕으로 사태를 판단하고
'-겠-'은 현재의 경험을 바탕으로 판단을 한다.[32]
　그러면 (67가)에서 판단 근거가 발화 현장에 존재하는데도 '-을 것이-'
가 가능한 이유는 무엇일까? 표면적으로는 화자가 발화 현장에서 음식을

32　이기종(1996)에서는 '-을 것이-'가 '-겠-'과 다른 점은 '-을 것이-'는 이미 화자가 의식하
　고 있는 정보적 사실을 주관적으로 이끌어 내는 것에 초점을 두는 것이라고 보았는데
　이것은 판단의 근거를 과거의 경험에 두는 것과 같은 맥락으로 볼 수 있다.

보고 맛을 판단한 것처럼 보이지만 실제로 판단의 바탕이 된 것은 그것과 관련된 화자의 과거 경험이라고 볼 수 있다. 즉 화자는 과거의 경험을 바탕으로 발화 현장의 음식을 보면서 맛을 판단했다고 볼 수 있다. 이때 과거 경험이란 화자가 과거에 직·간접 경험으로 알게 된 모든 것을 말한다.

'-을 것이-'가 과거의 경험을 판단 근거로 삼는다는 특성은 동일한 사태에 대해 시간차를 두고 추측하는 경우 더 명확하게 나타난다.

> (68) 가. (옆 테이블의 음식을 보고) 저 음식이 {맵겠어/*매울 거야}.
> 　　　나. (몇 시간 후 옆 테이블의 음식을 생각하며) 그 음식이 {*매웠겠다/
> 　　　　　매웠을 거야}.

화자가 이전에 음식에 대한 경험이 없다는 전제하에 (68가)는 식당에서 화자가 옆 테이블에서 주문한 음식의 색깔이나 냄새 등을 보고 음식이 맵다고 판단하는 경우인데 이때 '-겠-'만 사용이 가능하다. 그러나 식당에서 나와 몇 시간이 지난 후 화자가 옆 테이블의 음식을 다시 생각하며 말할 때는 '-겠-'은 불가능하고 '-을 것이-'만 가능하다. 동일한 사태에 대해 처음 발화 현장에서는 '-겠-'만 가능하던 것이 시간이 지난 다음에는 '-을 것이-'만 가능하게 되었는데, 이때 달라진 점은 판단 근거를 경험한 시간의 차이이다. 판단 근거가 현재이던 것이 시간이 지나 과거의 경험이 되게 되면 '-겠-'은 더이상 사용될 수 없고 '-을 것이-'만 사용이 가능하다. 따라서 '-을 것이-'는 과거의 경험을 바탕으로 판단하는 데 사용된다.

형태·통사적 특징에서 살펴본 것처럼 추측 표현 '-을 것이-'는 의문형으로 사용될 수 없기 때문에 청자가 판단 주체가 될 수 없다. 그리고 제삼자(주절 또는 후행절 주어)의 판단도 나타낼 수 없는데, 다음 예문 (69)와 같이 판단 주체를 청자와 제삼자로 상정해 보면 문장이 성립되지 않음을 알 수 있다. 따라서 '-을 것이-'의 판단 주체는 항상 화자이다.

> (69) 가. 지애는 늦을 것이다.
> 나. *네 생각에 지애가 늦을 것이야?
> 다. *지애는 늦을 것이라서 택시를 타고 갔다.

추측 표현 '-을 것이-'도 완곡의 기능을 가지기는 하지만 '-은/는/을 것 같-'처럼 완곡한 표현으로 여러 화행에 두루 사용되지 못하고 제약적으로 사용된다.

> (70) 가. 오늘보다 내일 떠나시는 게 더 {좋으실 것 같습니다/좋으실 겁니다}.
> 나. 죄송합니다. 오늘은 제가 일이 많아서 만나기는 좀 {힘들 것 같습니다/?힘들 겁니다}.
> 다. 제 생각에는 그렇게 하면 {안 될 것 같습니다/*안 될 겁니다}.

(70가)는 화자가 자신의 의견을 정중하게 표현하는 경우로 '-은/는/을 것 같-'과 '-을 것이-'의 사용이 자연스러운 반면, (70나)~(70다)처럼 상대방의 의견에 반대하거나 거절하는 상황에서는 '-을 것이-'는 쓰임이 자연스럽지 못하다. 따라서 완곡한 표현으로 사용할 때 주의를 해야 한다.
추측 표현 '-을 것이-'는 다음과 같이 청자를 안심시키거나 위로하는 상황에 자주 쓰인다.

(71) 가. (엄마가 아픈 아이를 위로하며)

약 먹었으니까 이제 안 {*아플 것 같다/*아프겠다/아플 거다}.

나. 너무 걱정하지 마세요.

이번에는 꼭 시험에 {*통과할 것 같아요/*통과하겠어요/통과할 거예요}.

다. 다음에는 더 좋은 사람을 {*만날 것 같아/*만나겠어/만날 거야}.

너무 슬퍼하지마.

위 예는 화자가 불안해하는 청자를 안심시키거나 청자를 위로하는 상황에서 '-을 것이-'가 쓰인 예로 '-을 것이-'는 쓰임이 자연스럽지만 '-겠-'과 '-을 것 같-'은 자연스럽지 못하다. (71가)는 엄마가 아픈 아이를 달래주기 위해서 '약을 먹었으니까 이제 아프지 않을 것'이라는 것을 확신하는 태도로 말하고 있고, (71나) 역시 시험 결과에 불안해하는 청자를 안심시키기 위해서 화자가 '-을 것이-'를 사용해 '시험에 통과한다'라는 명제를 확신에 찬 어조로 말하고 있다. (71다)는 화자가 이별한 청자를 위로해주는 상황에서 '-을 것이-'가 사용된 예이다.

화자가 청자를 안심시키기 위해서는 사태에 대해 확신하는 태도를 보여주어야 한다. 만약에 화자가 불확실한 태도를 보여주게 되면 청자는 오히려 더 불안해지게 될 것이다. 그런 점에서 여러 추측 표현 중에서 확실성이 가장 높은 '-을 것이-'가 청자를 안심시키는 상황에서 가장 자연스럽게 사용되는 것으로 보인다.

황주하(2018)에서는 이 외에 화자의 믿음이나 신념을 나타낼 때도 '-을 것이-'가 사용된다고 보았는데 화자의 믿음이나 신념을 통해 결국 화자 자신이나 청자를 안심시키기 위해 사용되기 때문에 개별적 의미로 보기 힘들다.

또한 '-을 것이-'는 상대방에게 어떤 것을 권하거나 조언의 기능을 가지는데 아래 예처럼 권하는 상황에서 '-을 것이-'는 쓰임이 자연스럽지만 '-겠-'과 '-나 보-'는 사용될 수 없다.

(80) 가. 이 음식이 {맛있을 거야/*맛있겠다/*맛있나 봐}. 먹어 봐.
　　　나. 지금 상황에서는 지하철을 타는 게 더 빠를 거야. 택시 타지 말고 지하철 타.

이상으로 '-을 것이-'의 특징을 살펴보았는데 내용을 정리해 보면 다음과 같다.

<'-을 것이-' 특성>

	특성
형태·통사	**[+주어 인칭 제약]** •1, 2인칭 주어 제약 있음 •화자의 불확실한 인지 사태나 미실현 사태를 나타내는 경우 1, 2인칭 주어 가능 •동사가 비행동성을 가질 경우 1인칭 주어 가능 **[+후행 결합 제약]** •명령형, 청유형, 의문형 결합 불가 •어미 '-지' 결합 불가 •선어말어미 '-았-' 결합 불가
의미·화용	**[판단 주체]** •화자의 판단만 나타낼 수 있음 **[판단 시점]** •발화하는 현재의 판단만 나타냄

> **[+판단 근거 제약]**
> • 과거 경험만 가능 (직접, 간접 경험 모두 가능)
> **[확실성 상]**
> **[+완곡의 기능]**
> • 단, 거절이나 반대 상황에서는 잘 사용되지 않음
> **[+안심, 위로 기능]**
> **[+권유, 조언 기능]**

2.10. '-을 터이-'

추측 표현 '-을 터이-'는 관형사형 어미 + 의존 명사 '터' + 서술격 조사 '이다'가 결합된 형식으로 추측 표현 '-을 것이-'처럼 '터'는 의존 명사로서의 의미를 상실하고 문법화 과정이 이루어져 어미와 같은 기능을 한다. 그러나 완전히 문법화가 된 것은 아니기 때문에 '-을 터이'를 띄어 써야 한다.[33]

'-을 터이-'는 추측과 의지를 나타내는 표현으로 추측의 의미로 사용될 때 '-을 터이-' 또는 준말인 '-을 테-'의 형태로 사용되는 경우는 거의 없고 여러 어미들과 결합해 '-을 테니까, -을 텐데, -을 테고, -을 테지만' 등의 다양한 형태로 사용된다. 한국어 교재에도 '-을 터이-' 형태로는 제시되어 있지 않고 모두 어미가 결합된 형태로 제시되어 있다. 이것은 잘 사용되지 않는 '-을 터이-' 형태를 제시해 주는 것보다 실제로 많이 사용되는 형태를 제시해 주는 것이 교육적으로 더 효과적이기 때문인 것으로 볼

---

33 안주호(2008)에서는 '-을테'를 의존 명사에서 선어말어미로 문법화되어 가는 과정 중에 있는 형태로 보고 어미로 간주하여 '-을테'를 붙여서 표기하였다.

수 있다.

그러나 이 책에서는 앞에서 설명한 것과 같이 '-을 터이-'에 어미가 결합된 모든 형태를 개별 추측 표현으로 다루는 것에 무리가 있다고 보고 '-을 터이-'를 대표형으로 삼는다.

먼저 '-을 터이-'의 형태·통사적 특징을 살펴보도록 하자.

추측 표현 '-을 터이-'도 다른 추측 표현들과 마찬가지로 발화 참여자의 발화 당시의 사태와 과거의 완료된 사태에 대해서는 추측이 작용하기 어렵기 때문에 일반적으로 1, 2인칭은 주어로 사용될 수 없다. 그러나 가정 조건인 경우 완료된 과거 사태이더라도 1인칭 주어가 사용될 수 있고, 미래 사태(미실현)에 대해서는 1, 2인칭도 주어로 사용될 수 있다.

추측 표현 '-을 터이-'도 '-을 것이-'처럼 주어가 1인칭일 경우 동사와 결합하면 '의지'의 의미를 가지는데, '-을 것이-'에서 살펴본 것처럼 주어가 비행동자이고 동사가 비행동성일 때는 1인칭 주어가 동사와 결합하더라도 추측의 의미를 나타낼 수 있다.

> (81) 가. {*내가/*네가/지애가} 밥을 먹고 있을 테니까 이따가 전화해.
> 나. 내일 {내가/네가/지애가} 좀 바쁠 테니까 다음 주에 만나는 게 좋겠어.
> 다. 다음 주에 {나는/너는/지애는} 바쁠 텐데.
> 라. 학기가 시작되면 {나도/너도/지애도} 바쁠 테지만 가끔 만나자.
> 마. {내가/*네가/*지애가} 10분 후에 출발할 테니까 집에서 기다려.
> 바. {내가/*네가/지애가} 5시 10분쯤에 도착할 테니까 집에서 기다려.

(81가)처럼 발화 당시에 일어나는 사태를 판단하는 경우에는 1, 2인칭

주어 사용이 불가능하다. 그러나 (81나)~(81바)처럼 미실현 사태에 대해 추측 판단할 경우에는 모든 인칭이 주어로 사용될 수 있다.

예문 (81마)와 (81바)는 '-을 터이-'가 동사와 결합된 경우인데 (81마)는 의지를 나타내고 (81바)는 추측을 나타낸다. (81마)처럼 주어가 행동자이고 동사가 행동성을 가질 때 '-을 테니까'는 '의지'의 의미로 사용되는데 이때 2, 3인칭은 주어로 올 수 없다. 그러나 (81바)처럼 주어와 동사가 비행동성을 가질 때는 1인칭 주어가 동사와 결합하더라도 추측의 의미를 나타낼 수 있다. (81바)의 경우에는 후행절이 명령형이기 때문에 선행절과 후행절에 동일한 주어인 2인칭이 올 수 없지만, 만약 후행절 주어가 1, 2인칭일 경우에는 2인칭도 주어로 올 수 있다.

추측 표현 '-을 터이-'는 결합 용언 제약과 시제 제약이 없다. 그리고 과거 시제 선어말어미 '-았-'은 선행 결합만 가능하고 후행 결합은 불가능하다. 따라서 판단 시점은 화자가 발화하는 현재이다.

(82) 가. {내가/네가/지애가} 일찍 일어났더라면 회사에 지각하지 않았을 텐데.
　　나. 너도 아침을 먹었을 테니까 간단하게 커피만 마시자.
　　다. 조금만 더 기다려 보자. 지애 지금 오는 중일 텐데.
　　라. 내일 일요일이라서 도서관 문 닫을 테니까 오늘 책을 꼭 빌려야 해요.

(82가)와 (82나)는 과거의 완료된 사태에 대한 추측으로 (82가)는 만약에 '주어가 일찍 일어났더라면 회사에 지각하지 않았을 것이다'로 과거에

완료된 사실을 반대로 가정하여 발생하지 않은 과거 사태를 추측하였다. (82다)는 현재의 사태를 나타내고 (82라)는 미래(미실현)의 사태를 나타내는데 이때 판단이 일어난 시점은 모두 화자가 발화하는 현재이다.

앞서 언급한 것처럼 추측의 '-을 터이-'는 대표형으로 사용되는 경우가 거의 없고 여러 어미와 결합해서 사용되는데, 연결어미 중에서는 '-으니까'와 자주 사용되고, 종결어미 중에서는 '-은데'와 자주 결합되어 사용된다.[34] 그리고 의문형, 명령형, 청유형 종결어미와는 결합할 수 없다.

> (83) 가. 오늘 날씨가 많이 추울 테니까 옷을 따뜻하게 입고 가.
> 나. 선생님도 이메일 받으셨을 텐데 아무 말씀이 없으시네요.
> 다. 오늘 못 올 테면 미리 연락했을 거예요.
> 라. 우산을 가지고 가세요. 오늘 비가 내릴 테니까요.
> 마. 가을이 오면 하늘이 높을 테지. (안주호 2008)
> 바. 열심히 공부하면 시험에 합격할 텐데.
> 사. 열심히 공부했더라면 시험에 합격했을 텐데.
> 아. 내가 새라면 하늘을 날 수 있을 텐데.
> 자. *지애 지금 오는 중일 테야?

(83가)~(83다)는 '-을 터이-'가 연결어미 '-으니까, -은데, -으면'과 결합한 예이고 (83라)~(83아)는 종결어미 '-으니까, -은데, -지'와 결합한 예이

---

34 이지연(2018)의 문어, 구어 말뭉치 분석 결과에서 '-을 터이-'가 어미와 결합한 형태 중에서 '-을 텐데'가 46%로 사용 빈도가 가장 높았고 그다음으로 '-을 테니까'가 31% 사용 빈도가 높게 나타났는데 두 형태 모두 문어와 구어에서 비슷한 사용 빈도가 나타났다.

다. (83가)의 '-을 테니까'는 연결어미 '-으니까'의 영향으로 후행절의 원인이나 이유를 나타낼 때 사용되는데, 이때 후행절에는 대부분 청유형이나 명령형이 온다. (83나)의 '-을 텐데'는 연결어미처럼 사용되어 후행절에 대한 배경이나 상황을 추측하는 데 사용되고, (83바)~(83아)의 '-을 텐데'는 종결어미처럼 사용되어 선행절의 조건절과 호응하여 (83바)처럼 현실 세계에서 일어날 만한 상황을 가정하거나 (83사)~(83아)처럼 불가능하거나 현실과 반대되는 상황을 가정하여 추측할 때 자주 사용된다. 특히 (83사)처럼 현실과 반대되는 상황을 가정할 때는 추측의 의미와 더불어 화자가 과거에 그렇게 하지 못한 것에 대한 '후회'나 '아쉬움'을 나타내기도 한다.

또한 '-을 터이-'는 (83자)처럼 추측의 의미를 나타내는 경우 의문형으로 사용될 수 없는데 이것은 양태 담지자가 청자로 전환될 수 없음을 의미한다. 따라서 판단은 주체는 항상 화자이다.

다음으로 '-을 터이-'의 의미·화용적 특성을 살펴보도록 하겠다.

이기종(1996)에서는 '-을 터이-'는 '터'가 지닌 '형편, 처지, 상황'이라는 의미와 'A는 B이다'라는 구조에 의해 '당위적 상황 가능성'의 의미를 가지는데, 개연성이 매우 높아 당위적 상황의 서술이나 개연적 가치 판단을 나타내는 상황에 잘 쓰인다고 보았다. 개연성이 높다는 것은 사태가 실현될 가능성이 크다는 것이고, 사태가 실현될 가능성이 높을 수밖에 없는 이유는 사태가 당위·필연적인 상황이기 때문이다. 다시 말하면 '-을 터이-'는 실현 가능성이 높은(사실일 가능성이 높은) 당위적 상황을 추측하는 데 사용된다.

(84) 가. 내가 새라면 하늘을 날 수 있을 텐데.

　　　나. 산에 가면 추울 테니까 옷을 많이 가지고 가세요.

　　　다. 주말이라서 사람이 많을 테니까 월요일에 가자.

　(84가)처럼 새는 당연히 하늘을 날 수 있는 능력을 가지고 있기 때문에 화자 자신이 '새'라고 가정하였을 때 화자는 필연적으로 날 수 있을 것이라고 추측할 수 있다. (84나)와 (84다)에서처럼 산에 가면 추운 것과 주말에 사람이 많은 것 또한 일반적으로 당연한 것으로 여겨지는데 이러한 실현 가능성이 높은 상황을 추측하게 되면 화자는 당연히 높은 확신을 가질 수밖에 없다. 따라서 '-을 터이-'는 확신의 정도가 높은 표현으로 볼 수 있다.

　그리고 '-을 터이-'는 '-을 것이-'처럼 화자의 과거 지각 경험을 바탕으로 판단한다.

(85) 가. (퇴근 시간인 것을 확인하고) 지금 출발하면 길이 막힐 테니까 이따가 가자.

　　　나. (시간을 확인하고) 지애가 집에 도착했을 테니까 걱정하지마.

　　　다. (주문한 음식을 보고) {맛있겠다/*맛있을 거예요/*맛있을 텐데}.

　(85가)에서 화자는 퇴근 시간에 길이 막힌다는 사실을 이미 과거의 경험을 통해 알고 있기 때문에 시간을 확인하고 지금 출발하면 길이 막힐 것으로 판단을 하고 있다. (85나)에서도 화자는 보통 지애가 집에 도착하는 시간을 이미 알고 있으므로 시간을 확인하고 이 시간에는 당연히 집에 도착했을 것으로 판단하고 있다. (85다)는 화자가 식당에서 주문한 음식

을 보고 맛을 판단하는 경우인데 이때 화자는 발화 현장에서 지각한 경험을 바탕으로 추측을 한 것이기에 '-겠'은 자연스럽지만 '-을 것이-'와 '-을 터이-'는 자연스럽지 못하다. 왜냐하면 '-을 터이-'는 발화 현장에 존재하는 근거를 바탕으로 판단할 때는 사용되지 못하고 화자가 과거의 경험을 통해서 이미 알고 있는 것을 바탕으로 판단을 할 때 사용되기 때문이다.

추측 표현 '-을 터이-'도 추측 기능 이외에 완곡의 기능으로도 사용되기도 하나 확신의 정도가 높아서 '-은/는/을 것 같-'처럼 완곡의 기능으로 활발히 사용되지는 못한다. 아래 예문을 보면 (86가)는 '나중에 출발하는 게 좋다'는 화자의 생각을 완곡하게 표현한 것으로 이때 '-을 터이-'는 '-은/는/을 것 같-'처럼 완곡의 기능을 가진다. 그러나 (86나)처럼 '옷이 안 어울린다'라는 화자의 생각을 완곡하게 표현할 때 '-은/는/을 것 같-'은 자연스럽지만 '-을 터이-'는 완곡의 의미를 가지지 못한다.

(86) 가. 지금 출발하면 길이 {막힐 텐데요/막힐 것 같아요}.
　　　나. 옷이 좀 {큰 것 같아요/*클 텐데요}.

이상으로 '-을 터이-'의 특징을 살펴보았는데 내용을 정리해 보면 다음과 같다.

<'-을 터이-' 특성>

	특성
형태·통사	**[+주어 인칭 제약]** •1, 2인칭 주어 제약 있음 •화자의 불확실한 인지 사태나 미실현 사태를 나타내는 경우

	1, 2인칭 주어 가능
	• 동사가 비행동성을 가질 경우 1인칭 주어 가능
	[+후행 결합 제약]
	• 명령형, 청유형, 의문형 결합 불가
	• 선어말어미 '-았-' 결합 불가
	• '-을 텐데, -을 테니까' 형태로 사용
의미·화용	**[판단 주체]**
	• 화자의 판단만 나타낼 수 있음
	[판단 시점]
	• 발화하는 현재의 판단만 나타냄
	[+판단 근거 제약]
	• 과거 경험만 가능
	[확실성 상]
	[+완곡의 기능]
	• '-을 텐데' 형태로만 사용
	[+아쉬움, 후회]
	• 반사실적 가정에 사용되어 아쉬움, 후회 의미 가짐
	[+당위적 상황]

2.11. '-은/는가 보-'와 '-나 보-'

추측 표현 '나 보-'와 '-은/는가 보-'는 구어 말뭉치 사용 빈도와 한국어 교재 제시 빈도가 매우 높은 추측 표현이다. '-나 보-'와 '-은/는가 보-'는 의미가 동일한 추측 표현으로 '-나 보-'는 의문형 종결어미 '-나'에 보조용 언 '보다'가 결합한 형태이고, '-은/는가 보-'는 의문형 종결어미 '-은/는 가'에 보조용언 '보다'가 결합한 형태이다. 동사 '보다'는 화자가 시각을 통해 외부 세계를 직접 지각하는 것을 의미하는데, '보다' 동사가 가진 지각(시각) 경험의 특성으로 인해 추측 표현 '-나 보-, -은/는가 보-'는 화자 가 관찰자로서의 역할을 한다. 이것은 '-나 보-'와 '-은/는가 보-'가 다른 추측 표현들과 구별되는 차이점이다.

우리는 앞서 교육용 추측 표현 항목을 선정할 때 '-나 보-'와 '-은/는가 보-'를 각각 개별 항목으로 선정하였다. 그러나 이 두 표현은 성격이 거의 같으므로 두 표현의 특성을 함께 살펴보도록 하겠다.

먼저 '-나 보-'와 '-은/는가 보-'의 형태·통사적 특성을 살펴보도록 하자.

추측 표현 '-나 보-'와 '-은/는가 보-' 역시 1, 2인칭 주어 제약을 가진다. '보다' 보조용언의 특성으로 인해 '-나 보-'와 '-은/는가 보-'는 화자가 관찰자로서의 태도를 지니게 되는데 일반적으로 화자는 자신의 사태에 대해서 관찰하여 판단할 수 없기 때문에 1인칭 주어 제약을 가진다.

아래 예문 (87가)처럼 화자와 청자가 발화 현장에서 밥을 먹는 행위가 일어날 경우 화자와 청자는 자신들의 행위에 대해서 추측 판단을 할 수 없으므로 1, 2인칭은 주어로 사용될 수 없다. 그러나 예문 (87다)처럼 화자가 인지하지 못한 사실을 깨닫게 된 경우에는 1, 2인칭이 주어로 사용될 수 있다. 그리고 미래 사태를 나타내는 경우에도 1인칭은 주어로 올 수 없는데 '-나 보-'와 '-은/는가 보-'가 가지는 관찰자적 태도로 인해 화자가 자신과 관련된 완료된 사태나 현재의 사태에 대해서 자신을 대상화하여 관찰이 가능하지만 아직 일어나지 않은 미래의 사태에 대해서는 관찰할 수 없으므로 1인칭 주어는 올 수 없다.

(87) 가. {*나는/*너는/지애는} 지금 밥을 먹나 봐요.
　　　 나. {*나는/너는/지애는} 오늘 기분이 좋은가 봐.
　　　 다. {나는/너는/지애는} 그 사람을 정말 사랑하나 봐요.

라. {나는/너는/지애는} 어제 기분이 좋았나 봐요. 그렇게 술을 많이
　　마신 거 보면.

마. 짐을 싸는 거 보니까 (*나도/너도/지애도) 한국에 가려나 봐.

　(87가)처럼 발화 당시 일어나는 사태에 대해 추측 판단을 할 때는 1인칭
과 2인칭은 주어로 사용되지 못한다. 그리고 (87나)처럼 주어의 현재 내적
상태를 나타내는 경우와 (87마)처럼 미래 사태를 판단하는 경우에도 1인
칭은 주어는 사용될 수 없다. 그러나 (87다)~(87라)처럼 화자가 '사랑
또는 기분이 좋음' 등과 같은 자신의 감정을 이전에 인지하지 못하고
있다가 발화 시점에 알게 된 경우에는 화자 자신의 내적 상태를 추측하여
표현할 수 있다.

　'-나 보-'와 '-은/는가 보-'는 결합하는 용언에 차이가 있는데, '-나 보-'
는 주로 동사와 결합하고 형용사와는 다소 결합이 제약적인 반면, '-은/는
가 보-'는 결합하는 용언에 제약이 없다.

　(88) 가. 지애는 내일 학교에 안 가려나 봐요.

　　　나. 지애는 지금 방에서 {자나 봐요/자는가 봐요}.

　　　다. 지애에게 김치가 좀 {맵나 봐요/매운가 봐요}. 물을 많이 마셔요.

　　　라. 지애는 오늘 기분이 {*슬프나 봐요/슬프지 않나 봐요/슬픈가 봐
　　　　　요}

　　　마. 지애는 오늘 시험이 끝나서 {*기쁘나 봐요/기쁜가 봐요}

　(88가)와 (88나)는 동사와 결합한 예이고 (88다)~(88마)는 형용사와
결합한 예인데 (88나)처럼 동사와 결합할 때는 '-나 보-'와 '-는가 보-'

둘 다 사용이 가능하다. 그러나 형용사와 결합하는 경우에는 (88다)에서는 '-은/는가 보-, -나 보-' 둘 다 사용이 가능하지만 (88라)와 (88마)에서는 '-나 보-'와는 불가능하다.

이기종(1996)에서는 '-나 보-'는 '기쁘다, 슬프다, 아프다. 고프다, 춥다' 등의 주관 동사와는 결합이 불가능하지만, 대상 중심의 감각 형용사인 '춥다, 어둡다, 무겁다' 등과는 결합이 가능하다고 '-나 보-'의 형용사 제약을 설명했지만 이기종(1996)이 제시한 기준은 명확하지가 않다. 특히 예로 든 '춥다'는 주관 동사이면서 대상 중심 감각 형용사로 제시되어 있는데 한 형용사에 두 개의 다른 기준을 적용해 결합이 불가능하기도 하고 가능하기도 하다는 설명은 타당성을 얻기 힘들다.

이미혜(2005)에서는 '기쁘다, 크다, 바쁘다' 등처럼 보통 어간이 모음으로 끝나는 형용사의 경우 '-나 보-'와 결합이 어색하다고 하였다. 실제로 '-나 보-'에 '슬프다'처럼 어간이 모음으로 끝날 경우에는 결합이 불가능한데 여기에 '-지 않-, -았-'과 같이 자음으로 끝나는 문법 요소가 결합되는 경우에는 '슬프다'는 '-나 보-'와 결합할 수 있다.

'-나 보-'가 용언 결합에 제약이 있을 경우 어간이 모음으로 끝나는 형용사와 모든 상황에서 결합이 불가능해야 하는데 자음으로 끝나는 문법 요소가 선행할 경우 모든 형용사와 결합이 가능하다. 따라서 '-나 보-'가 용언 결합 제약이 있는 것으로 볼 수 없다.

추측 표현 '-나 보-'와 '-은/는가 보-'는 시제 제약을 가지지 않기 때문에 과거, 현재, 미래 사태를 추측하여 나타낼 수 있는데 과거 사태를 나타낼 때는 용언에 관계없이 '-았-'에 '-나 보-'가 결합된 '-았나 보-' 형태가 사용되고, 미래 사태를 나타낼 때는 '-으려-'와 결합한 형태만 사용된다.

> (89) 가. 어제 (나는 /너는/지애는) 술을 많이 마셨나 봐.
> 　　나. (나는/너는/지애는) 그 사람을 사랑하나 봐.
> 　　다. 짐을 싸는 거 보니까 (*나도/너도/지애도) 한국에 가려나 봐.

　(89가)는 과거에 완료된 사태, (89나)는 현재의 사태, (89다)는 미래의 사태에 대한 추측을 나타내는데 (89다)처럼 주어가 화자 자신일 경우에는 '-나 보-'를 사용해 미래 사태를 추측할 수 없다.

　'-나 보-'와 '-은/는가 보-'는 후행 환경 제약이 있다. 과거 시제 선어말 어미 '-았-'은 선행 결합은 가능하지만 후행 결합은 불가능하다. 그리고 의문형, 청유형, 명령형 어미와 결합하지 못하고 '-는데'를 제외한 다른 연결어미와도 결합되기 어렵다. 따라서 '-나 보-'와 '-은/는가 보-'는 화자의 판단만을 나타낸다. 주어가 2인칭인 경우에는 청자에게 화자의 판단을 확인하기 위한 수단으로 자주 사용되기 때문에 문장 끝을 살짝 올려 말한다.

　다음으로 '-나 보-'와 '-은/는가 보-'의 의미·화용적 특성을 살펴보도록 하자.

　앞서 언급한 것처럼 '-나 보-'와 '-은/는가 보-'는 '보다' 동사에 의해 화자가 사태를 외부에서 관찰하는 듯한 관찰자적 태도를 취한다. 현장 근거를 바탕으로 판단하기 때문에 확실성이 높은 편이지만 항상 사태와 일정한 거리를 유지하면서 관찰자적 태도를 취하기 때문에 청자에게 직접적으로 강한 확신을 표현하는 상황에 사용될 수 없다.

　'-나 보-'와 '-은/는가 보-'는 발화 현장에서 지각한 근거를 바탕으로 판단할 때 사용되기 때문에 행동을 관찰하고 판단하는 상황에 자주 사용된다. 하지만 화자의 직관이나 느낌 그리고 화자의 직접 경험은 판단 근거로 사용될 수 없다. 지각 경험을 판단 근거로 하기 때문에 '-은/는 걸 보니까'와 자주 같이 사용되며 구어, 비격식적 상황에 자주 사용된다.

(90) 가. 전화를 안 받는 거 보니까 {자나 봐요/자는가 봐요}.

나. 구름이 낀 걸 보니까 비가 오려나 봐요.

다. *제가 음식을 먹어 보니까 맛있나 봐요.

라. *그냥 오늘 비가 오려나 봐요.

이상으로 '-나 보-'와 '-은/는가 보-'의 특성들을 살펴보았다. 내용을 정리해 보면 다음과 같다.

<'-나 보-'와 '-은/는가 보-' 특성>

	특성
형태·통사	**[+주어 인칭 제약]** •1, 2인칭 주어 제약 있음 •화자의 불확실한 인지 사태나 미실현 사태를 나타내는 경우 1, 2인칭 주어 가능 **[+선행 결합 제약]** •'-나 보-'는 모음으로 끝나는 형용사와 결합 불가 •미래 사태를 나타낼 때는 '-으려'와 결합해서 사용됨 **[+후행 결합 제약]** •명령형, 청유형, 의문형 결합 불가 •선어말어미 '-았-' 결합 불가 •'-는데' 제외하고 연결어미 결합 제약
의미·화용	**[판단 주체]** •화자의 판단만 나타낼 수 있음

> **[판단 시점]**
> • 발화하는 현재의 판단만 나타냄
> **[+판단 근거 제약]**
> • 현재 지각 경험만 가능
> • 화자의 직감이나 느낌은 판단 근거로 사용될 수 없음
> **[확실성 중]**
> **[+관찰자적 태도]**
> **[+구어, 비격식]**

2.12. '-을까 보-'

'-을까 보-'는 의문형 어미 '-을까'에 보조용언 '보다'가 결합한 형태로, 추측의 의미로 사용될 때 원인이나 이유를 나타내는 어미 '-아서'와 결합해 '-을까 봐서' 형태로만 사용된다. 그래서 '-을까 보-'가 사용된 선행절은 후행절의 원인이나 이유를 나타내지만, 이것은 어미 '-아서'가 결합해서 발생한 문맥상의 의미이지 '-을까 보-'가 가지는 고유한 의미라고는 볼 수 없다.

이기종(1996)에서 제시한 것처럼 '-을까 보-'는 화자의 기대하지 않은 사태의 가능성 즉, 화자의 부정적인 사태 발생 가능성에 대한 추측을 나타내기 때문에 문맥상 '걱정, 불안' 등의 의미를 동반하게 된다. 추측 표현 '-을까 보-'는 의미 차이 없이 '-을까 싶-'나 '-을까 하-'로 바꾸어 쓸 수 있는데, '-을까 보-'는 연결어미 '-아서'와 결합할 때만 추측의 의미를 나타내지만 '-을까 하-'와 '-을까 싶-'은 연결어미 또는 종결어미와 결합해 추측을 나타낼 수 있다. 이 중에서 가장 많이 사용되는 형태는 '-을까 보-'이다.

(91) 가. 여행 가서 {아플까 봐서/아플까 싶어서/?아플까 해서} 약을 가지

고 왔어요.

나. 내일 여행 가는데 비가 {올까 봐/올까 싶어서/?올까 해서} 걱정이

에요.

위 (91)에서 '-을까 보-'를 '-을까 싶-'나 '-을까 하-'로 교체했을 때 의미 차이는 없으나 '-을까 하-'는 사용이 다소 어색하게 느껴진다. 아마도 이 것은 '-을까 하-'가 '-지 않을까 하-' 형태로 더 자주 사용되기 때문인 것으로 볼 수 있다. 이지연(2018)에 따르면 '-을까 싶-'과 '-을까 하-'는 긍정의 가능성을 나타낼 때 '-지 않다'가 결합된 형태인 '-지 않을까 싶-, -지 않을까 하-' 형태로 사용되는데, '-을까 싶-'은 명제에 대한 긍정과 부정의 가능성을 모두 나타내기 때문에 '-을까 싶-'과 '-지 않을까 싶-' 두 형태로 사용되지만, '-을까 하-'는 긍정의 가능성만을 나타내기 때문에 '-지 않을까 하-' 형태로 자주 사용된다. 따라서 부정 표현이 결합되지 않은 '-을까 하-' 형태 사용이 어색하게 느껴지는 것으로 볼 수 있다.

추측 표현 '-을까 보-'가 걱정하는 상황에 자주 사용되기 때문에 '-아서'가 결합된 선행절에는 화자가 걱정하는 내용이 나타나고 후행절에는 걱정이 실현되지 않게 하기 위한 화자의 행동이나 '걱정이다, 두렵다, 고민이다, 불안하다' 등의 형용사가 많이 사용된다.

'-을까 보-' 역시 1, 2인칭 주어 제약을 가진다. 그러나 미실현 사태와 화자가 미처 인지하지 못한 사태에 대해서는 다른 추측 표현들과 마찬가지로 1인칭이 주어로 사용될 수 있지만, 화자의 내면/심리 상태를 나타내는 데는 1인칭이 주어로 사용될 수 없다. '-을까 보-'는 결합 용언 제약이

없어 동사, 형용사와 모두 결합이 가능하고 시제 제약도 없어 모든 시제의 사태를 추측하여 나타낼 수 있다.

> (92) 가. 나는 내일 늦게 일어날까 봐 알람을 세 개나 맞춰 놨다.
>   나. 너 여행 가서 아플까 봐 걱정돼?
>   다. 나는 지애가 감기에 걸렸을까 봐 약을 가지고 갔어요.
>   라. 엄마는 준이가 다칠까봐 안절부절못했다.

(92)에서 보듯 '-을까 보-'는 1, 2, 3인칭 주어가 동사나 형용사와 결합하여 추측의 의미를 나타내는데, (92나)처럼 주어가 2인칭일 경우 화자는 자신의 판단에 대해 청자에게 동의를 구하는 듯한 태도를 가진다. '-을까 보-'는 (92가)처럼 화자의 판단을 나타낼 수도 있고, (92나)처럼 청자의 판단을 그리고 (92라)처럼 제삼자의 판단을 나타낼 수도 있다.

'-을까 보-'는 연결어미 '-아서'와 결합된 '-을까 봐서' 형태로만 사용되기 때문에 후행 결합에 제약이 있어 선어말어미 '-았-', 연결어미, 종결어미 등과 결합할 수 없다. 그리고 과거 시제 선어말어미 '-았-'이 후행 결합할 수 없기 때문에 판단 시점은 항상 발화하는 현재가 된다.

추측 표현 '-을까 보-'는 화자가 부정적인 사태가 발생할 가능성을 미리 짐작하고 그것을 차단하기 위해서 후행절에서 어떤 행동을 하게 되는데, 화자가 그러한 행동을 하게 된 이유는 사태가 사실일 확률이 높다고 판단했기 때문이 아니라 어쩌면 발생할지도 모를 가능성이 있다고 판단되었기 때문이다. 따라서 '-을까 보-'는 사태 발생 가능성에 대한 추측이므로 확신의 정도가 낮으며 확실한 근거가 명시된 상황에서는 사용될 수 없다.

(93) 가. *(일기 예보를 보고) 비가 올까 봐 우산을 가지고 왔어.

나. 비가 올까 봐 우산을 가지고 왔어.

다. 비가 올 것 같아서 우산을 가지고 왔어.

(93가)처럼 일기 예보라는 확실한 판단 근거가 존재할 경우 '-을까 보-'는 사용될 수 없다. (93나)와 (93다)는 둘 다 '비가 온다'라는 명제 발생의 가능성에 대한 화자의 판단을 나타내는데, (93나)처럼 '-을까 보-'가 사용되면 비가 올지도 모를 가능성이 화자에게 부정적으로 작용해 '비가 온다'라는 사태가 걱정으로 받아들여지지만, '-을 것 같-'을 사용하면 사태를 대하는 화자의 태도에서 부정적인 느낌을 받을 수 없다. 이 두 추측 표현을 비교해 봤을 때 '-을까 보-'를 사용할 경우 확신의 정도가 '-을 것 같-' 보다 확실히 낮다.

이상으로 '-을까 보-'의 특징을 살펴보았는데 내용을 정리해 보면 다음과 같다.

<'-을까 보-' 특성>

	특성
형태·통사	**[+주어 인칭 제약]** • 1, 2인칭 주어 제약 있음 • 화자의 불확실한 인지 사태나 미실현 사태를 나타내는 경우 1, 2인칭 주어 가능 • 화자의 내적 상태를 나타내는 데 사용될 수 없음 **[+후행 결합 제약]** • 명령형, 청유형 결합 불가 • 선어말어미 '-았-' 결합 불가 • '-아서'와 결합해 '-을까 봐' 형태로만 사용 • '-아서' 이외의 어미와는 결합 불가

의미·화용	[판단 주체] •화자, 청자, 제삼자의 판단을 나타낼 수 있음 [+부정적인 사태 발생 가능성] [+걱정, 불안] [+이유나 원인] •'-아서'에 의해 선행절이 후행절의 원인이나 이유를 나타냄 [판단 시점] •발화하는 현재의 판단만 나타냄 [+판단 근거 제약] •확실한 근거가 명시된 상황에서 사용되기 어려움 [확실성 하]

이상으로 교육용 추측 표현 항목으로 선정된 추측 표현들의 개별적 특성을 형태·통사적 특징과 의미·화용적 특징으로 나누어 살펴보았다.

한국어 추측 표현들은 발화 현장에서 발화 참여자(화자와 청자)에게 일어난 또는 일어나고 있는 사태에 대해서는 추측이 작용할 수 없기 때문에 기본적으로 1, 2인칭 주어 제약이 있지만, 화자의 불확실한 인지 사태 또는 미실현 사태에 대해서는 주어 인칭 제약 없이 모든 인칭이 주어로 사용될 수 있다. 그리고 추측은 명제에 대한 화자의 판단을 나타내는 것이기 때문에 청자의 행동을 요구하는 명령형과 청유형으로는 사용될 수 없는 공통적인 특징이 있다.

<추측 표현의 형태·통사적 특성>

추측 표현 항목	공통점	차이점	
		주어 인칭	후행 결합
-은/는/을 것 같-		1인칭의 내적/심리상태를 나타낼 수 있음	

-은/는/을 듯하-		1인칭의 내적/심리상태를 나타낼 수 있음	
-은/는/을 모양이-			[+의문형 제약] [+ '-았-' 후행 제약]
-은/는/을지 모르-			[+ '-았-' 후행 제약]
-을 것이-		동사가 비행동성을 가지는 경우 1인칭 주어 가능	[+의문형 제약] [+ '-았-' 후행 제약] [+ '-지' 후행 제약]
-을 터이-		동사가 비행동성을 가지는 경우 1인칭 주어 가능	[+의문형 제약] [+연결어미 제약] [+ '-았-' 후행 제약]
-은/는가 보-	[+주어 인칭 제약] [+청유형 제약] [+명령형 제약]		[+의문형 제약] [+연결어미 제약] [+ '-았-' 후행 제약]
-나 보-[36]			[+의문형 제약] [+연결어미 제약] [+ '-았-' 후행 제약]
-을까 보-			[+연결어미 제약] [+종결어미 제약] [+ '-았-' 후행 제약]
-겠-		동사가 비행동성을 가지는 경우 1인칭 주어 가능	[+ '-았-' 후행 제약]
-은/는지			논외[37]
-을까			논외
-을걸			논외

(주: 위 표의 [+주어 인칭 제약]에는 윗첨자 35가 달려 있음)

---

35 화자의 불확실한 인지 사태를 나타내거나, 미실현 사태를 나타낼 때 주어 제약 없이 1, 2인칭도 주어로 사용될 수 있다.

36 '-나 보-'는 어간이 모음으로 끝나는 형용사와는 결합할 수 없지만 '-나 보-'에 '-지 않-, -았-'과 같이 자음으로 끝나는 문법 요소가 결합할 경우 모든 형용사와 결합할 수 있다. '-나 보-'가 용언 결합 제약이 있을 경우 음운환경이 달라지더라도 용언 결합 제약이 일어나야 하는데 '-나 보-'는 그렇지 않기 때문에 용언 결합 제약으로 볼 수 없다.

37 연결어미 '-은/는지', 종결어미 '-을까, -을걸'은 어미 특성상 후행에 다른 어미가 결합

다음으로 추측 표현들의 의미·화용적 특징을 살펴보도록 하자.

이 책에서는 한국어 교육에서 쉽게 활용할 수 있도록 확실성의 정도를 상, 중, 하로 구분하였는데 추측 표현 '-을 것이-'가 확실성이 가장 높고 '-은/는/을지 모르-'가 확실성이 가장 낮은 표현이다. 판단 주체에는 화자, 청자, 제삼자(후행절/주절 주어)가 있는데 '-은/는/을 것 같-'과 '-겠-'은 판단 주체 제약 없이 모두 가능하고, '-은/는/을 모양이-, -을 것이-, -을 터이-, -은/는가 보-, -나 보-, -은/는지, -을걸'은 화자의 판단만을 나타낼 수 있다.

추측 표현의 판단 근거를 살펴보면 '-은/는/을 모양이-, -나 보-, -은/는가 보-, -겠-, -은/는지'는 현장 지각 경험을 근거로 하고, '-을 것이-, -을 터이-, -을걸'은 과거 경험을 판단 근거로 한다. 추측 표현 '-은/는/을 것 같-'과 '-을까'는 판단 근거에 큰 제약이 없이 두루 사용될 수 있다.

추측 표현들은 추측 기능 이외의 화용적 기능을 가지기도 하는데 '-은/는/을 것 같-, -은/는/을지 모르-, -을 것이-, -을 터이-, -을까'는 완곡의 기능을 가지고, '-을 것이-'는 위로하기 기능을, '-겠-'은 공감의 기능을 가지고 있다.

이상의 내용을 표로 정리해 보면 다음과 같다.

<추측 표현의 의미·화용적 특성①>

추측 표현 항목	확실성	판단 주체	판단 근거
-은/는/을 것 같-	중	화자 청자	

될 수 없기 때문에 후행 결합 제약에서 논외로 하고 제약을 표기하지 않도록 하겠다.

		제삼자	
-은/는/을 듯하-	하	화자 청자 제삼자	
-은/는/을 모양이-	중	화자	현장 지각 경험
-은/는/을지 모르-	하	화자 청자 제삼자	확실한 근거 불가
-을 것이-	상	화자	과거 경험
-을 터이-	상	화자	과거 경험
-은/는가 보- -나 보-	중	화자	현장 지각 경험
-을까 보-	하	화자 청자 제삼자	확실한 근거 불가
-겠-	중	화자 청자 제삼자	현장 지각 경험
-은/는지	하	화자	현장 지각 경험
-을까	중	화자 청자	확실한 근거 불가
-을걸	상	화자	과거 경험

<추측 표현의 의미·화용적 특성②>

추측 표현 항목	판단 시점	화용적 기능	문체
-은/는/을 것 같-	과거 현재	[완곡 기능]	[구어, 비격식]

-은/는/을 듯하-	과거 현재	[완곡 기능]	[문어, 격식적]
-은/는/을 모양이-	과거 현재	[관찰자적 태도]	[문어, 격식적]
-은/는/을지 모르-	현재	[완곡 기능]	
-을 것이-	현재	[완곡 기능] [위로/안심 기능] [권유/조언 기능]	[격식적]
-을 터이-	현재	[완곡 기능] [후회, 아쉬움] [당위적 상황]	
-은/는가 보- -나 보-	현재	[관찰자적 태도]	[구어, 비격식]
-을까 보-	현재	[부정적 사태] [걱정, 불안] [이유나 원인]	
-겠-	현재	[공감 기능] [완곡 기능]	
-은/는지	과거 현재		
-을까	현재	[완곡 기능]	[구어, 비격식]
-을걸	현재	[후회, 체념, 다행] [+담화 제약] [완곡 기능]	[구어, 비격식]

제3장
단계별 추측 표현 교육

1. 추측 표현 항목 등급화

1.1. 등급 설정 기준

추측 표현 교육의 첫 단계로 먼저 교육용 추측 표현 항목들의 등급을 설정한다. 문법 중심 교육에서는 문법 난이도만 고려해 문법 항목 등급을 구성했지만, 의사소통 중심 교육에서는 문법 난이도뿐만 아니라 문법이 사용되는 화행적 측면까지 고려해 문법 항목 등급을 설정해야 한다.

먼저 기존 연구에서 문법 항목 등급이 어떻게 설정되고 있고, 등급을 분류하는 기준이 어떻게 제시되어 있는지 살펴보도록 하자. 문법 항목 등급에 관한 연구로는 김유정(1998), 김제열(2001), 이효정(2003), 이해영(2004), 이미혜(2005), 윤혜진(2010), 한국어교육 문법·표현 연구(2012) 등이 있는데 내용을 정리해 보면 다음과 같다.

	기준
김유정(1998)	사용 빈도, 난이도, 일반화 가능성, 학습자 기대 문법
김제열(2001)	난이도, 일반화 가능성
이효정(2003)	의미, 제약, 빈도, 교육적 절차
이해영(2004)	빈도, 분포, 범위, 학습 용이성, 학습자의 필요도
이미혜(2005)	기능, 빈도, 학습 용이성, 교수 용이성
윤혜진(2010)	사용 빈도, 형태적 난이도, 형태적 복잡성, 의미적 합성성, 통사적 제약, 학습의 단계성
한국어교육문법· 표현연구(2012)	문법의 체계성, 형태 의미 기능의 균형성, 한국어 화자 말뭉치 세종 말뭉치 빈도, 교수 학습 현장의 실제성

김유정(1998)에서는 '사용 빈도, 난이도, 일반화 가능성, 학습자 기대 문법'을 등급 분류 기준으로 제시하였고, 김제열(2001)에서는 '난이도, 일반화 가능성', 이해영(2004)에서는 '빈도, 분포 범위, 학습 용이성, 학습자의 필요도'를 기준으로 제시하였다. 이효정(2003)에서는 '의미, 제약, 빈도, 교육적 절차'를 교수-학습 순서를 결정하는 기준으로 삼았는데 의미가 기본적인 것에서 확장된 것으로, 통사 제약이 적은 것에서 많은 것으로, 빈도가 높은 것에서 낮은 것으로, 구어와 문어에서 모두 사용되는 것에서 구어 또는 문어에서만 사용되는 것으로, 선행 학습과 후행 학습이 유기적으로 연계되도록 교수-학습 순서를 결정해야 한다고 제시하였다.

김유정(1998)과 이해영(2004)에서는 '빈도'를 가장 우선시 되어야 할 기준으로 삼은 것에 반해 이미혜(2005)에서는 실제 한국어 교육 현장에서 '빈도'를 측정하기 어려울 뿐만 아니라 빈도 측정 결과를 토대로 문법 항목을 배열하는 것에 어려움이 있다고 보고 문법 항목 등급화의 우선 기준으로 '기능'을 제시하고 '기능, 빈도, 학습 용이성, 교수 용이성' 순으로 기준을 제시하였다. 이전 연구에서는 '사용 빈도, 난이도, 학습자 요구'가 중심 기준이었던 것에 비해 이미혜(2005)에서는 '기능'이라는 기준을 새로 제시하였다. 윤혜진(2010)에서는 기존 기준들을 좀 더 세분화하여 '사용 빈도, 형태적 난이도, 형태적 복잡성, 의미적 합성성, 통사적 제약, 학습의 단계성'을 기준으로 제시하였고, 한국어교육 문법·표현연구(2012)에서는 '문법의 체계성, 형태 의미 기능의 균형성, 한국어 화자 말뭉치 세종 말뭉치 빈도, 교수-학습 현장의 실제성'을 등급 기준으로 제시하였다.

　이상 문법 항목 등급 기준에 관한 선행 연구들을 살펴본 결과 '사용 빈도'와 '난이도'가 등급화 기준으로 가장 많이 제시되었다. 그 이유는 일상생활에서 자주 사용되는 표현, 사용 가능성이 높은 표현 그리고 난도가 낮은 표현부터 먼저 제시하는 것이 교육적 효과가 크기 때문인 것으로 보여진다. 이 책에서는 선행 연구 결과들을 바탕으로 내용을 좀 더 세분화하여 추측 표현 항목 등급 설정 기준을 제시하도록 하겠다. 교수 항목 등급 설정에 있어서 특정 기준이 절대적인 우선순위를 갖지 못하기 때문에 특정 기준을 우선순위에 두지 않고 모든 요소를 종합적으로 고려하여 등급을 설정할 것이다.

<교육용 추측 표현 항목 등급 설정 기준>

(가) 사용 빈도
- 실제 언어생활에서 사용 빈도가 높은 표현을 먼저 제시한다.
- 구어와 문어 중에서 구어 사용 빈도를 먼저 고려한다.

(나) 난이도
- 통사, 의미, 화용적 측면에서 각각의 난이도를 측정한다.
- 난도가 낮은 표현을 먼저 제시한다.

(다) 학습의 실제성
- 한국어 교육에서 설정한 단계별 목표에 따른다.
- 한국어 교육에서 추측 표현이 어느 단계에 제시되어 있는지를 고려한다.

이 책에서는 교육용 추측 표현 등급 설정 기준으로 '사용 빈도, 난이도, 학습의 실제성'을 제시한다.

사용 빈도에서는 실제 언어생활에서 어떤 추측 표현이 자주 사용되는지를 살펴보고, 일상생활에서 자주 사용되는 표현 중에서 구어 사용 빈도를 먼저 고려하여 초급과 중급에 우선으로 제시한다. 이 책에서는 이상숙(2021) 구어 말뭉치 분석 자료를 이용해 사용 빈도를 적용할 것이다.

난이도는 학습자들이 학습하고 사용하기 쉬운 표현인지 또는 어려운 표현인지를 구분하기 위한 것으로 형태, 통사, 의미, 화용적 측면에서 각각의 난이도를 살펴볼 것이다. 형태·통사 제약이 적은 표현, 의미가 단순한 표현, 화용적 기능이 적은 표현을 초급에 우선으로 제시한다.

학습의 실제성은 실제 한국어 교육에서 교수 항목으로 선정된 추측 표현이 어느 단계에 제시되어 있는지 살펴보고, 그것을 바탕으로 한국어 교육에서 제시한 단계별 목표에 맞게 추측 표현 항목들의 등급을 설정하기 위한 것이다. 학습의 실제성은 이상숙(2021)의 한국어 교재 분석 자료와 한국어교육 문법·표현 연구 결과를 이용할 것이다.

1.1.1. 사용 빈도

한국어 추측 표현의 실제 사용 빈도를 알아보기 위해 우선 한국어 교육용 추측 표현 항목의 구어 말뭉치 사용 빈도를 살펴보도록 하자.

<구어 말뭉치 사용 빈도>

	추측 표현 항목	사용 빈도순(사용 비율)
1	-은/는/을 것 같-	40.24%
2	-겠-	28.65%
3	-을 것이-	10.68%
4	-나 보-	3.99%
5	-을까	3.83%
6	-을 터이-	2.46%
7	-은/는가 보-	2.12%
8	-은/는/을지 모르-	1.84%
9	-을걸	1.45%
10	-은/는지	1.01%
11	-을까 보-	0.63%
12	-은/는/을 듯하-	0.53%
13	-은/는/을 모양이-	0.03%

위 표는 한국어 교육용 추측 표현으로 선정된 항목들의 구어 말뭉치 사용 빈도를 빈도가 높은 순으로 정리한 것이다. 추측 표현 '-은/는/을 것 같-'은 40.24%로 사용 빈도가 가장 높고, '-겠-'이 28.65%로 두 번째로 높고, '-을 것이-'가 10.68%로 세 번째로 사용 빈도가 높은데 이 세 추측 표현의 총사용 비율은 79.6%로 전체의 80%에 가까운 높은 사용 빈도를 보여주고 있다.

추측 표현 항목 등급을 설정할 때 구어 말뭉치 사용 빈도가 높은 표현들을 우선으로 초급, 중급에 제시하고 사용 빈도가 낮은 표현들은 중급 후반에 제시하는 것이 바람직하다. 따라서 이처럼 구어 사용 빈도가 높은 표현들은 추측 표현 등급 설정에 우선으로 고려되어야 한다.

반면 '-은/는/을 듯하-'와 '-은/는/을 모양이-'처럼 구어에서는 사용 빈도가 낮지만 문어에서는 사용 빈도가 높은 표현들은 중급 후반 또는 고급 단계에 제시하는 것이 좋다.[38]

1.1.2. 난이도

추측 표현 난이도는 통사적, 의미적, 화용적 측면으로 나누어 각각의 제약이나 특징들을 중심으로 살펴보도록 하자.

---

38 다음 표는 세종 말뭉치에서 형태만을 고려해 분석한 문어 사용 빈도이기 때문에 정확한 사용 빈도를 볼 수 없지만, 추측의 의미로만 사용되는 표현들인 '-은/는/을 것 같-, -은/는/을 듯하-, -은/는/을 모양이-'의 결과를 살펴보면 구어 사용 빈도와 차이가 나는 것을 볼 수 있다. 특히 '-은/는/을 듯하-, -은/는/을 모양이-'는 구어에서는 빈도가 낮지만 문어에서는 비교적 높게 나타났다.

<문어 말뭉치 사용 빈도>

	추측 표현 항목 목록	문어 사용 빈도(번)
1	-은/는/을지, -은/는/을지 모르-	60,299
2	-을 것이-	30,808
3	-겠-	25,033
4	-은/는/을 것 같-	9,317
5	-을까	9,266
6	-은/는/을 듯하-	3,728
7	-을 터이-	2,191
8	-은/는/을 모양이-	1,986
9	-을걸	616
10	-나 보-	481
11	-은/는가 보-	306
12	-을까 보-	249

문법 난이도는 이미혜(2005)에서 제시한 것처럼 문법 항목 등급을 설정하는 데 중요한 기준이 되지만 객관적으로 측정하기가 어려워 실제로 문법 등급 설정에 적용하기가 쉽지 않다. 그렇지만 난이도를 객관적인 기준으로 측정하지 않고 표현 항목 등급을 설정하게 되면 결국 교사의 직관에 의존할 수밖에 없으므로 교재마다 또는 기관마다 교수 항목 등급이 달라질 수밖에 없다.

여기에서는 최대한 객관적 자료들을 이용해 영역별 난이도를 3등급으로 나누고, 난도가 가장 높은 것은 '상', 중간인 것은 '중', 난도가 가장 낮은 것은 '하'로 설정한다. 통사적 난이도에서는 통사 제약을 중심으로 살펴보고, 의미적 난이도에서는 추측 표현의 의미가 복잡한지 아닌지를 중심으로 살펴볼 것이다. 마지막으로 화용적 난이도에서는 추측 표현이 추측 이외의 다른 화용적 기능을 가지는지를 살펴보고 마지막으로 전체를 종합하여 난이도 등급을 결정할 것이다.

난도가 낮은 추측 표현은 초급 등급에 우선적으로 고려되어야 한다. 그리고 난도가 높은 추측 표현일 경우 효과적인 교육을 위해 단계별로 나누어 제시하는 게 좋을지 또는 단계를 나누지 않고 한 번에 제시하는 것이 좋을지에 대해서도 고려해야 한다.

1) 통사적 난이도

통사적 난이도는 추측 표현의 통사적 제약을 기준으로 통사적 제약이 적은 표현에서 통사적 제약이 많은 표현 순으로 난이도를 정하였다. 통사적 제약이 많을수록 학습자들은 고려해야 할 요소들이 많아지므로 통사적 제약의 수는 난이도에 직접적인 영향을 미친다. 따라서 통사적 난도가 낮을수록 사용하기가 쉬우므로 초급에 우선으로 제시되어야 한다.

통사적 제약은 앞 장에서 살펴본 추측 표현 특성을 바탕으로 인칭 주어 제약, 선행 결합 제약, 후행 결합 제약, 추측 표현이 사용되는 문장이 기본적으로 단문인지 복문인지로 나누어 난이도를 살펴보았다. 모든 추측 표현들은 특성상 명령형, 청유형과 결합할 수 없기 때문에 명령형, 청유형 어미 결합 제약은 난이도 등급에는 포함하지 않고 평서형과 의문형만을 종결어미 제약으로 보았다.

추측 표현 교수 항목들의 통사적 난이도를 분류하면 다음과 같다.

<통사적 난이도>

추측 표현 항목	주어 제약	선행 결합 제약		후행 결합 제약			문장 종류	난이도 등급
		용언 결합	시제	-았-	종결 어미	연결 어미		
-은/는/을 것 같-	+	-	-	-	-	-	단문	하
-은/는/을 듯하-	+	-	-	-	-	-	단문	하
-은/는/을지 모르-	+	-	-	+	-	-	단문	중
-은/는/을 모양이-	+	-	-	+	+	-	단문	중
-을 것이-	+	-	-	+	+	-	단문	중
-을 터이-	+	-	-	+	+	+	복문	상
-은/는가 보-	+	-	-	+	+	+	단문	상
-을까 보-	+	-	-	+	+	+	복문	상
-나 보-	+	+	-	+	+	+	단문	상

-겠-	+	-	-	+	-	-	단문	중
-은/는지	+	-	-	39			복문	중
-을까	+	-	-				단문	하
-을걸	+	-	-				단문	하

추측 표현의 통사적 제약을 인칭 주어 제약, 선행 결합 제약, 후행 결합 제약, 문장 종류로 나누어서 통사적 제약이 있으면 '+'로, 제약이 없으면 '-'로 표기하였다. 난이도를 총 3단계로 나누어 통사적 제약이 1개이면 난이도 '하', 제약이 2~3개이면 '중', 제약이 4~5개이면 '상'으로 분류하였다. 그리고 문장 종류의 경우 복문으로 사용되는 표현은 문장 형성 조건이 단문보다 까다로우므로 한 등급을 올렸다.

이렇게 측정된 추측 표현들의 통사적 난이도를 살펴보면 난이도가 '하'인 추측 표현은 '-은/는/을 것 같-, -은/는/을 듯하-, -을까, -을걸'이고, 난이도가 '중'인 추측 표현은 '-은/는/을지 모르-, -은/는/을 모양이-, -을 것이-, -겠-, -은/는지'이다. 그리고 난이도가 '상'인 추측 표현은 '-을 터이-, -은/는가 보-, -을까 보-, -나 보-'이다. '-은/는지'의 경우 통사적 제약이 1개로 '하' 등급에 분류되었지만, 연결어미로 항상 복문에 사용되기 때문에 한 등급을 올려 최종 '중' 등급으로 분류되었다.

---

39 연결어미 '-는/은지'와 종결어미 '-을까, -을걸'은 어미 특성상 후행에 다른 어미가 결합될 수 없으므로 후행 결합 제약에서 논외로 하고 제약을 표기하지 않도록 하겠다.

2) 의미적 난이도

추측 표현의 의미는 여러 가지 요소가 복합적으로 작용하여 만들어지는 것이기 때문에 몇 가지 기준을 가지고 추측 표현의 의미적 난이도로 분류한다는 것은 어려운 일이다. 그러나 추측 표현들의 적절한 등급 설정을 위해서는 반드시 의미적 난이도가 고려되어야 한다.

확실성과 판단 근거의 종류, 판단 주체 등과 같은 자질은 난이도를 측정할 수 있는 기준이 없기 때문에 의미적 난이도 측정에 사용될 수 없다. 추측 표현들이 공통으로 가지는 자질 이외에 다른 추측 표현들과 구별되는 자질들, 명확하게 기준을 세울 수 있는 자질을 이용해 의미적 난이도를 측정할 것이다. 이 책에서는 판단 근거 제약, 화자의 태도, 부가적 의미 세 가지 자질을 의미적 난이도를 측정하는 데 이용하였다.

판단 근거 제약이란 추측 표현이 특별한 판단 근거를 요구하는지 아니면 판단 근거에 제약 없이 두루 사용되는지를 말하는 것이다. 화자의 태도란 화자가 사태에 대해 관찰자적 태도를 보이느냐 그렇지 않으냐를 의미하는 것이지 판단의 주관성과 객관성을 나타내는 것은 아니다. 화자가 관찰자적 태도를 가지는 경우 '+'로 표기하고, 그러지 않은 경우에는 '-'로 표기하였다. 마지막으로 부가적 의미는 추측의 의미로 사용되면서 문맥상에서 가지게 되는 부가적인 의미를 말한다. 이러한 제약이 있을 경우 추측 표현의 의미는 더욱 복잡해지므로 의미의 복잡성 정도를 측정해 볼 수 있다. 제약이 있을 경우 '+', 없을 경우는 '-'로 표기하고, 난이도는 통사적 난이도와 동일하게 총 3단계로 분류하였다.

<의미적 난이도>

추측 표현 항목	판단 근거 제약	화자의 태도	부가적 의미	난이도 등급
-은/는/을 것 같-	-	-	-	하
-은/는/을 듯하-	-	-	-	하
-은/는/을지 모르-	+	-	-	중
-은/는/을 모양이-	+	+	-	상
-을 것이-	+	-	-	중
-을 터이-	+	-	+ (후회)	상
-은/는가 보-	+	+	-	상
-을까 보-	+	-	+ (걱정)	상
-나 보-	+	+	-	상
-겠-	+	-	-	중
-은/는지	+	-	-	중
-을까	+	-	-	중
-을걸	+	-	+ (후회)	상

의미적 제약이 없는 경우 난이도는 가장 낮은 '하', 제약이 1개일 경우 난이도는 '중', 제약이 2개 이상일 경우 난이도를 '상'으로 분류하였다. 의미적 난이도가 '하'인 추측 표현은 '-은/는/을 것 같-, -은/는/을 듯하-'이고 의미적 난이도가 '중'인 추측 표현은 '-은/는/을지 모르-, -을 것이-, -겠-, -은/는지, -을까'이다. 마지막으로 난이도가 '상'인 추측 표현은 '-은/는/을 모양이-, -을 터이-, -나 보-, -은/는가 보-, -을걸'이다. 의미적 난도가 낮을수록 추측 표현의 의미가 덜 복잡하기 때문에 초급에 우선적으로 제시되어야 한다.

3) 화용적 난이도

화용적 난이도에서는 추측 표현이 추측 기능 이외에 다른 기능으로 사용되는지를 살펴보았다. 추측의 기능 이외에 다른 기능으로 사용될 경우 학습자들이 학습해야 하는 부담감이 늘어나기 때문에 화용적 난이도도 추측 표현 등급 설정에 반드시 고려되어야 한다. 또한 화용적 난이도는 개별 추측 표현의 단계를 설정하는 것뿐만 아니라 하나의 추측 표현을 몇 단계로 나누어 교육하는 것이 좋을지에 대한 기초 자료가 된다.

<화용적 난이도>

추측 표현 항목	화용적 기능	난이도 등급
-은/는/을 것 같-	추측의 기능, 완곡의 기능	중
-은/는/을 듯하-	추측의 기능, 완곡의 기능	중
-은/는/을지 모르-	추측의 기능, 완곡의 기능	중
-은/는/을 모양이-	추측의 기능	하
-을 것이-	추측의 기능, 완곡의 기능, 위로/안심의 기능, 권유/조언의 기능	상
-을 터이-	추측의 기능, 완곡의 기능	중
-은/는가 보-	추측의 기능	하
-을까 보-	추측의 기능	하
-나 보-	추측의 기능	하
-겠-	추측의 기능, 완곡의 기능, 공감의 기능	상
-은/는지	추측의 기능	하
-을까	추측의 기능, 완곡의 기능[40]	중
-을걸	추측의 기능, 완곡의 기능	중

추측 표현이 추측 기능으로만 사용되는 경우 난이도가 제일 낮은 '하', 추측 표현들이 일반적으로 가지는 완곡의 기능을 가지는 경우 난이도가

---

40 '-을까'가 화자의 판단을 나타내는 경우에만 완곡의 기능을 가진다.

중간인 '중', 추측의 기능과 완곡의 기능 이외의 다른 기능을 가지는 경우 난이도가 제일 높은 '상'으로 분류하였다. 화용적 난이도가 '하'에 분류된 추측 표현은 '-은/는/을 모양이-, -은/는가 보-, 나 보-, -을까 보-, -은/는지'이고, 난이도 '중'에 분류된 추측 표현은 '-은/는/을 것 같-, -은/는/을 듯하-, -은/는/을지 모르-, -을 터이-, -을까, -을걸'이다. 난이도가 가장 높은 '상'에 분류된 추측 표현은 '-을 것이-, -겠-'이다.

이상으로 추측 표현의 난이도를 통사, 의미, 화용적 측면에서 살펴보고 등급을 설정하였다. 각 영역의 개별 난이도를 종합해 최종 난이도 등급을 결정하면 다음과 같다.

<추측 표현 난이도 등급>

추측 표현 항목	통사적 난이도	의미적 난이도	화용적 난이도	총점	최종 난이도
-은/는/을 것 같-	하	하	중	4	하
-은/는/을 듯하-	하	하	중	4	하
-은/는/을지 모르-	중	중	중	6	중
-은/는/을 모양이-	중	상	하	6	중
-을 것이-	중	중	상	7	중
-을 터이-	상	상	중	8	상
-은/는가 보-	상	상	하	7	중
-을까 보-	상	상	하	7	중
-나 보-	상	상	하	7	중
-겠-	중	중	상	7	중
-은/는지	중	중	하	5	하
-을까	하	중	중	5	하
-을걸	하	상	중	6	중

최종 난이도 등급을 결정하기 위해 난이도를 점수로 환산해 결과를 산출하였다. 난도가 제일 낮은 '하'는 1점, '중'은 2점, 난도가 제일 높은 '상'은 3점으로 배점하여 영역별로 점수를 환산한 다음 총점을 3단계로 나누어 최종 난이도를 결정하였다. 총점이 4~5점이면 난이도 '하', 6~7점이면 난이도 '중' 그리고 8점이면 난이도 '상'으로 분류하였다. 따라서 최종적으로 추측 표현 '-은/는/을 것 같-, -은/는/을 듯하-, -은/는지, -을까'는 난이도 '하', '-은/는/을지 모르-, -은/는/을 모양이-, -을 것-, -을까 보-, -나 보-, -은/는가 보-, -겠-, -을까'는 난이도 '중', 그리고 '-을 터이-'는 난이도 '상'으로 분류되었다.

1.1.3. 학습의 실제성

학습의 실제성은 교육 항목으로 선정된 추측 표현이 실제 한국어 교육에서 어느 단계에 제시되어 있는지 살펴보고, 한국어 교육에서 제시한 등급별 목표에 맞게 추측 표현 항목들의 등급을 설정하기 위한 것이다. 학습의 실제성에서는 이상숙(2021)에서 분석한 4종 한국어 교재와 문법·표현 연구 결과를 자료로 이용하였다. 그리고 각 단계의 교육 목표를 살펴보기 위해 '국제 통용 한국어 교육 표준 모형 개발(2010)'자료를 참조하였다.

먼저 한국어 교재와 문법·표현 연구에 제시된 추측 표현 항목의 단계를 정리하면 다음과 같다.

<한국어 교육에 제시된 추측 표현 항목 단계>

추측 표현	한국어 교재				문법·표현 연구
	서강 한국어	서울대 한국어	연세 한국어	이화 한국어	
-은/는/을 것 같-	초급 2 중급 2	초급 2	초급 1 중급 1	초급 2	초급
-은/는/을 듯하-[41]		중급 2	고급 1	중급 2	고급
-은/는/을지 모르-	중급 1	중급 2	중급 1	중급 1	중급
-은/는/을 모양이-		중급 1	중급 1	초급 2	고급
-을 것이-	초급 2	초급 2	초급 1 중급 1		초급
-을 터이-	중급 1 중급 2	초급 2 중급 1	초급 2 중급 1 고급 2	초급 2 중급 1	중급
-은/는가 보-	중급 1	중급 1	초급 2 고급 1	중급 1	중급
-을까 보-	중급 2	중급 1	중급 1	중급 1	초급
-나 보-	중급 1	중급 1	초급 2 고급 1	중급 1	중급
-겠-	초급 2 중급 1	초급 2	초급 1 중급 2	초급 2	초급
-은/는지			초급 2 중급 1	초급 2	중급
-을까	초급 2	초급 2		초급 2	초급
-을걸		중급 1	중급 1	중급 1	중급

한국어 교육에 제시된 추측 표현 항목의 등급을 살펴보았는데 보는 것과 같이 교재마다 제시된 추측 표현의 등급에 차이가 있고, 문법·표현 연구에 제시된 등급과도 차이가 나는 표현들이 많다. 특히 문법·표현 연

41 　연세 한국어와 이화 한국어에는 '-은/는/을 듯싶-'과 '-은/는/을 듯이'로 제시되어 있는 데 앞서 제시한 것처럼 '-은/는/을 듯'류 추측 표현으로 보고 함께 다루도록 하겠다.

구는 단계를 초급과 중급으로만 분류하여 세부적으로 단계 설정이 되어 있지 않다.

위 표에서 단계 설정에 가장 차이가 크게 나는 추측 표현은 '-을까 보-' 와 '-은/는/을 모양이-'다. '-을까 보-'는 한국어 교재에 대체로 중급에 분류되었지만, 문법·표현 연구에는 초급에 분류되어 있다. 그리고 '-은/는/을 모양이-'는 초급에서 고급까지 교재마다 등급이 다르게 제시되어 있어 제시 등급 차이가 가장 큰 추측 표현 항목이다.

'국제 통용 한국어 교육 표준 모형 개발(2010)'에는 등급별 목표와 내용 기술을 위해 영역을 4가지(주제, 언어기술, 언어지식, 문화)로 구분하고 언어지식 영역에서 문법의 등급과 내용을 다음과 같이 제시하였다.

<국제 통용 한국어 교육 표준 모형 개발 문법 등급>

등급	내용
1급	1. 한국어의 기본 문장 구조를 이해하고 사용할 수 있다. 2. 정형화된 문장 표현들을 목록화하여 이해할 수 있다.
2급	1. 빈도수가 높은 연결어미나 관형절이 포함된 문장을 이해하고 사용할 수 있다. 2. 한국어의 시제를 이해하고 사용할 수 있다. 3. 빈도수가 높은 보조용언을 이해하고 사용할 수 있다.
3급	1. 비교적 복잡한 의미 기능을 가진 조사를 이해할 수 있다. 2. 피동법, 사동법을 이해하고 사용할 수 있다. 3. 인용절을 이해할 수 있다.
4급	1. 문어와 구어를 구분하여 문법을 사용할 수 있다. 2. 인용절을 사용할 수 있다. 3. 오류는 있으나 대부분의 문법을 이해하고 사용할 수 있다.

5급	1. 정확하게 사용할 수는 없지만, 문법의 미묘한 의미 차이를 이해할 수 있다. 2. 대부분의 문법을 비교적 유창하게 사용할 수 있다.
6급	1. 문법의 미묘한 의미 차이를 이해하고 정확하게 사용할 수 있다.
6급+	1. 거의 오류 없이 대부분의 문법을 사용할 수 있다.

'국제 통용 한국어 교육 표준 모형 개발(2010)'에서 제시한 문법 등급 내용은 추측 표현 등급을 설정할 때 해당 급의 조건이 충족되는지를 살펴보기 위한 기준으로 삼을 수 있을 것이다.

1.2. 등급 설정

교육용 추측 표현 등급 설정에 앞서 먼저 추측 표현 중에서 여러 단계로 나누어 제시해야 할 표현들을 살펴볼 필요가 있다.

추측 표현 중에서 문법 제약이 많지만, 의미 또는 화용적 기능이 단순해 한 단계에 제시할 수 있는 표현이 있는가 하면 반대로 문법 통사적 제약은 별로 없지만, 의미·화용적 기능이 다양해 단계를 나누어 제시해야 할 표현들이 있다. 추측 표현의 통사적 특징과 의미적 특징을 분리해서 제시할 경우 한국어 학습자들이 추측 표현을 사용할 때 오히려 오류를 범할 수 있는 환경을 제공해 주는 학습의 역효과를 가져올 수 있으므로 통사적 특징과 의미적 특징은 단계를 나누어 제시할 수 없다. 따라서 추측 표현 중 화용적 기능이 다양한 표현들을 대상으로 단계를 나누어야 할지에 대해 살펴보도록 하자.

추측 표현 중에서 추측 기능뿐만 아니라 완곡의 기능과 같이 다른 기능으로도 사용되는 표현들이 있는데 이 기능들을 한꺼번에 모두 같이 제시해 주면 한국어 학습자들은 추측 표현의 이해와 사용에 어려움을 겪을 것이다. 특히 초급은 추측 표현이 처음 제시되는 단계로 학습자들이 아직 추측 표현에 익숙하지 않고, 한국어 능력도 낮으므로 추측 기능 이외의 다른 기능을 함께 제시해 주기 어렵다. 따라서 초급 단계로 분류된 항목 중 추측 기능 이외에 다른 기능이 있는 경우 단계를 나누어 제시하도록 한다. 중급은 학습자들이 추측 표현에 익숙하기 때문에 추측 기능 이외의 기능을 함께 제시해 주어도 좋다. 그러나 추측 표현이 추측 이외의 기능으로 사용될 때 특별한 형태나 상황에 제약적으로 사용되는 경우에는 단계를 나누어 제시하도록 한다.

단계를 구분해 제시해야 할 추측 표현 항목들은 다음과 같다. 이 추측 항목들은 아직 등급이 결정된 것이 아니기 때문에 등급에 따라 단계를 구분할 수도 있고 한 번에 제시할 수도 있다.

<단계 구분이 필요한 항목>

추측 표현 항목	기능	단계
-은/는/을 것 같-	추측 기능, 완곡 기능	두 단계
-은/는/을 듯하-	추측 기능, 완곡 기능	두 단계
-은/는/을지 모르-	추측 기능, 완곡 기능	두 단계
-은/는/을 모양이-	추측 기능	한 단계
-을 것이-	추측 기능, 완곡 기능, 위로/안심 기능	세 단계
-을 터이-	추측 기능, 완곡 기능	두 단계
-은/는가 보-	추측 기능	한 단계
-을까 보-	추측 기능	한 단계

-나 보-	추측 기능	한 단계
-겠-	추측 기능, 완곡 기능, 공감 기능	세 단계
-은/는지	추측 기능	한 단계
-을까	추측 기능, 완곡 기능	두 단계
-을걸	추측 기능, 완곡 기능	두 단계

위에서 보는 것과 같이 추측 표현 '-은/는/을 모양이-, -은/는가 보-, -을까 보-, -나 보-, -은/는지'는 추측의 기능 이외에 다른 의미 기능을 가지지 않으므로 단계를 구분할 필요가 없다. 그러나 추측 표현 '-은/는/을 것 같-, -은/는-을 듯하-, -은/는/을지 모르-, -을 것이-, -을 터이-, -겠-, -을까, -을걸'은 두 단계 또는 세 단계로 나누어 제시할 필요가 있는 추측 표현들이다.

'국제 통용 한국어 교육 표준 모형 개발(2010)'에 제시된 초급 단계 목표를 보면 초급 1단계에서는 한국어의 기본 문장 구조를 이해하고 정형화된 문장 표현을 이해할 수 있고, 초급 2단계에서는 사용 빈도가 높은 연결어미, 관형절 어미, 시제, 보조용언을 이해하고 사용할 수 있는 단계로 제시되어 있다.

추측 표현은 사태에 대한 화자의 태도를 나타내는 양태 범주 중 하나로 의미 차이를 구별할 수 있는 언어 능력이 요구된다. 그리고 화자가 추측하는 사태의 시제를 구별할 수 있어야 하고 후행 결합 제약을 이해하기 위해서는 최소한 종결어미에 대한 지식을 갖추고 있어야 한다. 따라서 초급 2단계에 처음으로 추측 표현을 제시하는 것이 가장 적절하다. 초급 단계 등급 설정에서 가장 중요하게 고려해야 할 기준은 사용 빈도와 난이도이다. 일상생활에서 가장 많이 사용되는 표현 중에서 제약이 가장 적은 표현을 우선으로 초급 단계에 분류해야 한다.

　중급 단계 목표를 살펴보면 중급 1단계에서는 복잡한 의미를 가진 조사와 인용절과 같은 복문을 이해할 수 있고, 중급 2단계에서는 문어와 구어를 구분할 수 있고 대부분의 문법을 이해하고 사용할 수 있는 단계이다. 따라서 중급 단계에는 난도가 높고, 다양한 화용적 기능을 가진 추측 표현들을 중심으로 분류하도록 한다. 그리고 고급 단계는 미묘한 문법의 의미 차이를 이해하고 대부분의 문법을 오류 없이 사용할 수 있는 단계로 난이도가 '상'이거나 구어에서는 사용 빈도가 낮지만, 문어에서 자주 사용되는 표현들을 중심으로 분류하도록 한다.

　이상의 내용을 바탕으로 추측 표현 교수 항목의 등급을 설정해 보도록 하자.

<항목별 등급 설정 기준 분석>

추측 표현 항목	사용 빈도	난이도	학습의 실제성
-은/는/을 것 같-	40.24%	하	초급 1, 2, 중급 1, 2
-겠-	28.65%	중	초급 1, 2, 중급 1, 2
-을 것이-	10.68%	중	초급 1, 2, 중급 1
-나 보-	3.99%	중	초급 2, 중급 1, 고급 1
-을까	3.83%	하	초급 2
-을 터이-	2.46%	상	초급 2, 중급 1, 2, 고급 2
-은/는가 보-	2.12%	중	초급 2, 중급 1, 고급 1
-은/는/을지 모르-	1.84%	중	중급 1, 2
-을걸	1.45%	중	중급 1
-은/는지	1.01%	하	초급 2, 중급 1
-을까 보-	0.63%	중	초급, 중급 1, 2

-은/는/을 듯하-	0.53%	하	중급 1, 2, 고급
-은/는/을 모양이-	0.03%	중	초급 2, 중급 1, 고급

위 표는 추측 표현 등급 설정 기준 결과를 종합한 것으로 내용을 살펴보면 구어 말뭉치 사용 빈도가 가장 높은 추측 표현은 '-은/는/을 것 같-, -겠-, -을 것이-'다. 이 중에서 '-은/는/을 것 같-'은 구어 말뭉치 사용 빈도가 가장 높으면서 난이도가 '하'인 추측 표현이다. 일상생활에서 가장 많이 사용되기 때문에 실용성이 높고, 특별한 제약이 없기 때문에 모든 상황에 두루 사용될 수 있으므로 학습자들이 담화 상황을 크게 고려하지 않아도 되는 표현이다. 따라서 추측 표현 '-은/는/을 것 같-'은 초급에 분류하는 것이 가장 적절하다.

1) '-은/는/을 것 같-'

'-은/는/을 것 같-'은 추측 기능 이외에 완곡의 기능으로도 활발하게 사용되는 표현으로 앞에서 살펴본 것처럼 효과적으로 교육하기 위해서 두 단계로 나누어 제시되어야 할 항목이다. 완곡의 기능은 화자가 자신의 판단을 불확실하게 표현함으로써 상대방의 체면 손상을 줄이거나 더 공손하게 말하는 것으로 완곡성은 담화 상황에 영향을 많이 받는다. 그러나 초급 단계의 학습자들은 아직 한국어 숙달도가 높지 않고, 추측 표현에 익숙하지 않기 때문에 추측 표현을 이용해 완곡의 기능을 나타내는 데 어려움이 있을 것으로 보인다. 따라서 '-은/는/을 것 같-'을 두 단계로 나누어 초급 단계에서는 추측 기능만을 제시하고 중급 단계에서 완곡의 기능을 다루는 것이 좋다.

황주하(2018)에서 제시한 것처럼 '-은/는/을 것 같-'은 화자가 직접적으로 강한 의사를 표시하지 못하는 상황에서 완곡한 표현으로 사용하기 가장 적절한 추측 표현으로, 추측 표현 중에서 가장 활발히 완곡의 기능으로 사용되는 표현이다. 따라서 완곡의 기능을 나타내는 추측 표현 중에서 '-은/는/을 것 같-'을 가장 먼저 제시해 주는 것이 교육적으로 효과가 크기 때문에 중급 1단계에 제시해 주도록 한다. 한국어 교육 현장에서도 대체로 '-은/는/을 것 같-'을 두 단계로 나누어 초급과 중급에 제시하고 있다.

2) '-겠-'

다음으로 두 번째로 사용 빈도가 높은 '-겠-'의 등급을 살펴보도록 하자.

'-겠-'은 구어 말뭉치 사용 빈도가 두 번째로 높지만 난이도가 '중'에 분류된 표현이다. 난이도만을 고려하면 중급에 분류되어야 하지만 '-겠-'은 '-은/는/을 것 같-' 다음으로 일상생활에서 자주 사용되는 추측 표현이고 한국어 교육 현장에서도 초급 단계에 제시하고 있기 때문에 초급에 분류되어야 한다. 물론 통사적 제약, 현장성이라는 판단 근거의 제약, 그리고 화용적 기능이 다양해 용법을 이해하고 사용하기에 복잡한 표현 중의 하나이지만 높은 사용 빈도와 학습의 실제성을 고려해 초급에 제시하되 단계를 나누어 단계별로 제시하는 것이 필요하다.

추측 표현 '-겠-'을 일반 추측 기능으로서의 '-겠-', 공감 기능으로서의

'-겠-', 완곡의 기능으로서의 '-겠-'으로 세 단계로 나누어 등급을 제시하도록 한다. 공감의 기능과 완곡의 기능은 담화 상황에 대한 이해가 요구되며 특히 완곡의 기능으로서의 '-겠-'은 특별한 형태로 사용되기 때문에 초급 단계에서 다루기가 어렵다. '-겠-'은 추측과 의지의 의미를 나타내는데, 사용이 어렵지 않은 '의지'의 '-겠-'을 먼저 학습한 다음에 추측의 '-겠-'을 제시해 주도록 한다. 따라서 일반 추측 기능으로서의 '-겠-'은 초급 2단계에 제시하고, 공감 기능으로서의 '-겠-'은 담화 상황을 고려할 수 있는 중급 1단계에 제시하도록 한다.

완곡의 기능으로서의 '-겠-'은 앞에서 살펴본 것처럼 혼자 사용될 수 없고 다른 양태 표현과 결합해서만 사용되는데 그중에서도 '-았으면 좋겠-' 형태로 가장 많이 사용된다. 화자가 상대방에게 더 공손하게 말하기 위해 마치 화자의 희망인 것처럼 표현하는 방식을 취한다. 희망 표현으로 분류되기도 하는 '-았으면 좋겠-'는 반드시 '-겠-'이 포함된 형태로만 사용이 되기 때문에 희망 표현을 학습하는 동시에 완곡의 기능으로서의 '-겠-'을 학습할 수 있다.

김서형(2007)에 제시된 구어에서 사용된 희망 표현 빈도를 보면 '-고 싶다'가 사용 빈도가 가장 높았고 그다음으로 '-았으면 좋겠-'가 두 번째로 사용 빈도가 높게 나타났다. 따라서 완곡으로서의 '-겠-'은 희망 표현인 '-고 싶다'가 학습된 이후에 제시해 주어야 하고, 또한 내포절에 대한 이해가 가능해야 하므로 중급 2단계에 제시하는 것이 적절하다.

3) '-을 것이-'

다음으로 사용 빈도가 세 번째로 높은 '-을 것이-'에 대해서 살펴보자. '-을 것이-'도 '-겠-'과 마찬가지로 사용 빈도는 높지만 난이도가 '중'으로 분류된 표현이다. '-을 것이-'는 추측 표현 중에서 확신의 정도가 가장 높아 한국어 학습자들이 사용하기에 매우 유용한 추측 표현이다. 이런 점에서 한국어 교육 현장에서도 대부분 초급 단계에 '-을 것이-'를 제시하고 있다. 추측 표현 '-을 것이-' 역시 '-겠-'과 마찬가지로 높은 사용 빈도를 고려해 초급에 제시하되 난이도를 고려해 단계를 나누어 제시한다.

추측 표현 '-을 것이-'는 세 단계로 나누어 제시해야 할 항목으로 분류되었는데. 화용적 특성 중의 하나인 안심/위로하기 기능은 확실성이 높은 '-을 것이-'를 사용하는 담화 상황에서 자연스럽게 사용되는 기능이므로 분리하여 따로 제시할 필요가 없다. 그러나 완곡한 표현으로서의 '-을 것이-'는 '-은/는/을 것 같'처럼 모든 상황에 두루 사용되지 못하고 제한적으로 사용되기 때문에 초급에서 다루기가 어렵다. 따라서 '-을 것이-'를 두 단계로 나누어 등급을 설정하도록 한다.

추측 표현 '-을 것이-'도 '-겠-'과 마찬가지로 의지와 추측의 의미를 가지는데, 앞서 기술한 것처럼 의지를 먼저 제시해 주고 추측을 제시해 주는 것이 교육적으로 효과적이기 때문에 추측의 기능으로서의 '-을 것'는 의지를 학습한 초급 2단계에 제시해 주는 것이 적절하다. 이 단계에서 안심/위로하기 기능을 자연스럽게 함께 제시해 주도록 한다. 완곡의 기능으로서의 '-을 것이-'는 '-은/는/을 것 같'과 달리 제한적으로 사용되기 때문에 담화 상황에 대한 이해가 필요하며, 생산적으로 사용되지 않기 때문에 우선으로 학습해야 할 표현으로 볼 수 없으므로 중급 2단계에 제시하는 것이 적절하다.

4) '-나 보-'와 '-은/는가 보-'

다음으로 추측 표현 '-나 보-'와 '-은/는가 보-'의 등급에 대해서 살펴보자.

추측 표현 '-나 보-'와 '-은/는가 보-'는 구어 사용 빈도가 네 번째, 일곱 번째로 비교적 높은 표현이지만 앞의 세 고빈도 추측 표현들과 비교해 보면 사용 빈도 차이가 크게 난다. 두 추측 표현은 의미와 기능이 거의 같아서 따로 분리해서 제시하는 것보다 함께 제시하는 것이 교육적으로 효과적이다. '-나 보-'와 '-은/는가 보-'는 전체 난이도가 '중'으로 분류되었는데 영역별 난이도 분석을 살펴보면 통사적, 의미적 난이도는 '상'이고, 추측의 의미로만 사용되기 때문에 화용적 난이도가 '하'로 분류되었다. 따라서 통사적, 의미적 난도가 높은 표현으로 볼 수 있다.

'-나 보-'와 '-은/는가 보-'는 다른 추측 표현들과 다르게 화자가 관찰자적 태도를 가지는데, 이러한 개념을 초급 한국어 학습자들에게 이해시키기는 쉽지 않다. 따라서 '-나 보-'와 '-은/는가 보-'는 통사적, 의미적 난이도와 사용 빈도를 고려해 중급에 분류하는 것이 적절하다. 한국어 교육에서는 대부분 이 두 표현을 중급 1단계에서 다루고 있지만, '-나 보-'와 '-은/는가 보-'는 실제 사용 빈도가 높지 않고 사태와 화자의 거리적 관계를 이해할 수 있어야 하므로 학습 단계가 높은 중급 2단계에 제시하는 것이 적절하다.

5) '-을까'

다음으로 추측 표현 '-을까'의 등급에 대해서 살펴보도록 하자.

'-을까'는 '-나 보-'와 사용 빈도가 거의 비슷한 표현으로 종결어미로 구성된 단일 구성이고, 청자의 판단을 물어보는 의문형으로만 사용되기 때문에 통사적 난도가 낮은 표현이다. 그러나 '-을까'는 경우에 따라서 화자의 판단을 나타내는 데도 사용될 수 있는데 이때 '-을까'는 완곡의 기능을 가지기도 한다. 따라서 청자의 판단을 나타내는 '-을까'와 화자의 판단을 나타내는 '-을까'를 분리해서 제시하는 것이 적절하다.

청자의 판단을 나타내는 '-을까'는 난도가 매우 낮다. 그리고 고빈도인 세 추측 표현과는 사용 빈도에 차이가 많이 나지만 다른 추측 표현들과 비교해 봤을 때 사용 빈도도 높은 편에 속하기 때문에 초급 단계에 제시하는 것이 적절하다. 다음으로 화자의 판단을 나타내는 '-을까'의 경우는 '-다고 할까?, -지 않을까?' 형식으로 사용되기 때문에 문장 형식에 대한 이해가 필요하고 완곡의 기능으로도 사용되기 때문에 문법에 대한 전반적인 상황을 이해할 수 있어야 한다. 따라서 중급 후반에 제시하는 것이 좋다. 한국어 교육 현장에서는 '-을까'를 초급 2단계에 제시하고 있는데 이때 제시된 '-을까'는 청자의 판단을 묻는 경우이고 화자의 판단을 나타내는 '-을까'는 제시되어 있지 않다.

6) '-을 터이-'

다음으로 추측 표현 '-을 터이-'의 등급을 살펴보도록 하자.

'-을 터이-'는 여섯 번째로 구어 사용 빈도가 높은 표현으로 통사적,

의미적 난도가 높아 난이도 '상'에 분류된 추측 표현이다. '-을 터이-'는 불완전동사처럼 대표형으로는 잘 사용되지 않고 어미가 결합된 '-을 텐데, -을 테니까' 형태로 자주 사용되기 때문에 종결어미와 연결어미의 제약이 큰 표현이다. 또한 '-을 텐데'의 경우 가정 조건절과 자주 함께 사용되므로 문장 구성 및 조건절에 대한 이해가 선행되어야 한다. 따라서 '-을 텐데'는 초급에서 다루기 어려운 표현이다.

한국어 교육에서는 '-을 텐데'와 '-을 테니까'를 나누어 초급과 중급에 제시하고 있는데 문법적 난도가 높으므로 중급에서 다루는 것이 적절하다. '-을 터이-'도 추측과 의지의 의미로 모두 사용되기 때문에 의지의 '-을 터이-'가 학습된 이후에 추측의 '-을 터이-'를 제시해 주는 것이 좋다.

앞에서 추측 표현 '-을 터이-'가 완곡의 기능을 가진다는 점에서 두 단계로 나누어 제시되어야 할 항목으로 분류되었지만, 중급 단계에서는 이미 학습자들이 완곡의 기능에 익숙하고, 완곡의 기능으로 사용될 때 특별한 형태로 사용되지 않기 때문에 단계를 나누어 제시할 필요가 없다. 이 모든 사항을 고려했을 때 '-을 터이-'는 중급 2단계에 분류하는 것이 가장 적절하다.

7) '-은/는/을지 모르-'

다음으로 추측 표현 '-은/는/을지 모르-'의 등급을 살펴보도록 하자.

'-은/는/을지 모르-'는 사용 빈도가 1.84%로 낮은 편이고, 문법적 난이도가 중간 정도이기 때문에 초급에 필수적으로 다루어야 할 항목으로 보기 어렵다. 완곡한 표현으로 자주 사용되지만 학습자들은 이미 완곡의 기능에 대해 어느 정도 익숙해진 상태이기 때문에 단계를 구분하여 제시할 필요는 없다. 따라서 사용 빈도와 난이도를 고려해 중급 1단계로 등급을 설정하도록 하겠다.

8) '-을걸'

다음으로 추측 표현 '-을걸'의 등급을 설정해 보도록 하자.

'-을걸'은 역시 사용 빈도가 낮고 문법적 난이도가 중간 정도이기 때문에 초급 단계에 필수적으로 다루어야 할 항목으로 보기 어렵다. '-을걸'은 추측의 의미로 사용되는 경우에 비사실적 가정 조건과 함께 쓰이면 문맥상 후회의 의미를 함께 가진다. 따라서 추측 표현 '-을걸'을 사용하기 위해서는 가정 조건절을 우선으로 이해해야 하므로 가정 조건절을 이해할 수 있는 중급 1단계에 제시하는 것이 적절하다. '-을걸'은 추측 기능 이외에 완곡의 기능을 가지기 때문에 두 단계로 나누어 제시되어야 할 항목으로 분류되었지만 앞서 언급한 것처럼 중급 단계 학습자들은 이미 완곡의 기능에 익숙해졌고, 특별한 형태로 완곡의 기능을 나타내는 것이 아니므로 단계를 나누어 제시할 필요가 없다. 한국어 교육에서도 대부분 '-을걸'을 중급 1단계에 제시하고 있다.

9) '-은/는지'

'-은/는지'는 연결어미로 사용되는 경우에만 추측의 의미를 가지므로 통사적 제약이 다른 표현에 비해 복잡하지 않고, 완곡의 기능으로도 사용되지 않기 때문에 화용적 난도도 높지 않다. 또한 구어 사용 빈도 역시 높지 않아 우선으로 학습해야 할 표현으로 볼 수 없으므로 중급 1단계에 제시하는 것이 적절하다.

10) '-을까 보-'

'-을까 보-'는 종결어미와 보조용언으로 구성된 표현으로 추측의 의미를 나타낼 때는 항상 연결어미 '-아서'와 결합된 '-을까 봐서' 형태로 사용되기 때문에 다른 어미들과 결합할 수 없는 통사적 제약이 있다. 그러나 항상 고정된 형태로 사용되므로 실제 통사적 난도는 낮은 편이다. '-을까 보-'는 추측 표현이기는 하지만 부정적인 사태가 발생할 가능성에 대한 걱정의 의미가 더 크기 때문에 화행에 대한 의미를 이해할 수 있어야 하고, 연결어미 '-아서'가 선행 학습되어야 하므로 중급 단계에 제시하는 것이 가장 적절하다. 한국어 교육에서는 대체로 중급 1단계에 제시하고 있는데 '-을까 보-'는 구어 사용 빈도가 매우 낮기 때문에 우선으로 학습해야 할 표현으로 보기 어려우므로 중급 2단계로 등급을 설정한다.

11) '-은/는/을 듯하-'와 '-은/는/을 모양이-'

마지막으로 '-은/는/을 듯하-'와 '-은/는/을 모양이-'의 등급에 대해서 살펴보도록 하자.

'-은/는/을 듯하-'는 '-은/는/을 것 같-'과 의미와 기능이 거의 비슷한데 구어에서는 잘 사용되지 않고 문어에서 자주 사용되는 표현이다. '-은/는/을 모양이-'는 '-나 보-'와 마찬가지로 화자가 관찰자적 태도를 보이는 표현으로 구어 말뭉치에서 사용 빈도가 가장 낮은 표현이다. 따라서 이

두 추측 표현은 교수 우선순위에서 멀어진다. 한국어 교육에서는 '-은/는/을 듯하'는 중급 2단계나 고급 단계에 제시하고 있고, '-은/는/을 모양이-'는 초급 2단계부터 중급 단계까지 교재마다 다르게 제시되어 있다. 이 두 추측 표현은 사용 빈도를 고려해 고급 단계에 제시하는 것이 가장 적절하다.

이상으로 각 추측 표현들의 등급을 설정해 보았다. 이 책에서 설정한 등급은 학습 단계별 등급만을 제시한 것으로 단계별 내 추측 표현들의 학습 순서와 수업 시수를 의미하는 것은 아니다. 추측 표현 교수 항목 등급을 표로 정리하면 다음과 같다.

<추측 표현 교수 항목의 등급>

학습 단계		추측 표현 항목
초급	1단계	
	2단계	-은/는/을 것 같-①, -겠-①, -을 것이-①, -을까①
중급	1단계	-겠-②, -은/는/을 것 같-②, -은/는/을지 모르-, -을걸, -은/는지
	2단계	-겠-③, -을 것이-②, -나 보-, -은/는가 보-, -을 터이-, -을까②, -을까 보-
고급	1단계	-은/는/을 듯하-, -은/는/을 모양이-
	2단계	

2. 단계별 교육

한국어 추측 표현 교육의 가장 큰 문제점은 학습자들에게 추측 표현들을 변별력 있게 제시해 주지 못하는 것이다. 지금까지 살펴본 추측 표현의 특성을 바탕으로 조금 더 효과적으로 추측 표현을 교육할 수 방안에 대해서 살펴보도록 하자.

교육 방안을 제시하기에 앞서 먼저 문법 교육에서 고려해야 할 문법 교수 원칙을 살펴보자.

<문법 교수 원칙>

	문법 교수 원칙	
Scott Thornbury(1999)[42]	· 사실성(Truth) · 명료성(Clarity) · 친숙성(Familiarity)	· 제한성(Limitation) · 간결성(Simplicity) · 관련성(Relevance)
곽지영 외(2007)	· 학습자 수준으로 낮추어 제시한다. · 문법 연습 과정과 언어기능을 결합하여 제시한다. · 학습자의 숙달도 단계에 맞게 제시한다. · 단순하고 간략하게 제시한다.	
김세령(2011)	· 교수자가 의미 특징을 명확하게 인지해야 한다. · 담화의 맥락상에서 교수되어야 한다. · 여러 의미를 동시에 가르치는 것보다는 각각 중심 의미를 나누어 가르쳐야 한다. · 선행 학습과 연계되어야 한다. · 제약을 비중 있게 다루어야 한다.	
황주하(2018)	· 실제 학습자가 접할 수 있는 상황 사용해야 한다. · 상황에 따른 문장 성립 이유를 설명해야 한다. · 추상적 표현을 지양하고 명료하게 기술해야 한다. · 단순하고 간결하게 제시해야 한다. · 학습자 수준을 고려해 쉬운 용어를 사용해야 한다. · 학습자의 필요와 요구를 반영해야 한다.	

---

42 황주하(2018:98)에서 재인용.

Scott Thornbury(1999)와 곽지영 외(2007), 김세령(2011), 황주하(2018)에서 제시한 문법 교수 원칙들은 다음 네 가지 원리에 중점을 두고 있다.

(가) 문법은 간단하고 명료하게 제시할 것
(나) 학습자 숙달도를 고려할 것
(다) 선행 학습과 연계되도록 교수할 것
(라) 실제 언어생활을 반영할 것

문법을 교육할 때 교수자는 문법의 의미를 간단하게 제시하되 의미가 분명히 드러나도록 제시해 주어야 하며, 학습자들의 숙달도를 고려해 단계에 맞게 교수하고 학습자들이 이해할 수 있는 용어를 사용해야 한다. 또한 새로운 문법을 제시할 때는 반드시 이전에 학습한 문법과 관련을 지어 선행 학습과 연계가 되어야 한다. 선행 학습 내용과 연계되지 않고 개별 문형 학습에만 치중하게 되면 학습자들은 문형을 배웠지만 실제로 사용하는 데 큰 어려움을 겪게 될 것이다. 그리고 문법 교육은 학습자들이 실제로 사용할 수 있도록 반드시 실제 언어생활을 반영해야 한다. 따라서 문법을 교육할 때는 문법적 특징만을 다루면 안 되고 문법이 사용되는 담화 상황적 특징도 함께 다루어야 한다.

추측 표현을 효율적으로 교육하기 위해서는 단계별 교육을 해야 한다. 단계별 교육이란 학습자 숙달도를 고려해 추측 표현을 단계별로 제시하고 각 단계에 맞는 방법과 내용으로 추측 표현을 교육하는 것이다. 한국어 학습자들의 수준을 고려하지 않고 추측 표현을 제시하거나 모든 단계에서 획일적인 방법으로 교육하는 것은 성공적인 학습 효과를 기대하기 어려우므로 반드시 학습자들의 단계에 맞게 교육 목표와 방법, 내용이 달라져야 한다.

앞에서 교육용 추측 표현들을 초급, 중급, 고급 단계로 등급화하였다. 한국어 추측 표현은 초급 2단계에 처음으로 제시되는데 초급 단계는 아직 학습자들이 추측 표현에 익숙하지 않기 때문에 의미와 사용을 정확하게 알려주는 것이 필요하고, 중고급 단계에서는 앞서 배운 추측 표현과 연계하여 표현 간의 의미 차이와 상황에 알맞은 추측 표현을 선택 사용할 수 있도록 교육하는 것이 중요하다.

추측 표현을 단계적으로 교육하기 위해 우선 단계적 교육 목표를 설정할 필요가 있다. 추측 표현의 단계적 교육 목표는 다음과 같다.

(가) 초급 - 추측의 의미를 이해하고 추측 표현의 형태·통사적 제약과 의미를 정확하게 익혀 사용할 수 있다.

(나) 중급 - 선행 학습한 추측 표현과의 차이를 이해하고 상황에 맞는 표현을 선택하여 사용할 수 있다.

(다) 고급 - 추측 표현의 미묘한 의미 차이를 이해하고 구어와 문어에서 사용되는 추측 표현의 양상을 이해할 수 있다.

문법을 교수하는 방법에는 연역적/귀납적, 상향식/하향식 방법 등이 있는데 연역적 방법은 교사가 학생들에게 규칙을 제시해 주고 학생들은 규칙을 적용해 연습하는 방법으로 전통적 문법 번역식 교수법에서 많이 사용된 방법이다. 반대로 귀납적 방법은 교사가 학생들에게 예문이나 상황을 제시해 주고 학생들 스스로가 유추를 통해서 규칙을 찾아가는 방법으로 청화식 교수법, 의사소통식 교수법에서 많이 사용된다.

상향식 방법(Bottom-up approach)은 아래에서부터 위로 향하는 것으로 교사가 문법 항목의 규칙을 학습자에게 명확하게 제시해 주고 학습자들은 연습을 통해 의미와 구조를 익혀 문장, 담화 등 점점 더 큰 단위로 이동해 가는 교수 방법이다. 교사가 문법 규칙을 제시해 주고 그 규칙을 학습자들이 연습을 통해 익히는 방식인 연역적 방법이 상향식 교수 방법에 자주 사용되며, 문법 중심 교육인 PPP(Presentation-Practice-Production) 모형이 대표적인 상향식 교수 모형이다. 하향식 방법(Top-down approach)은 반대로 위에서 아래로 향하는 것으로 교사가 담화나 텍스트를 제시해 주고 과제 활동을 통해서 학습자들이 목표 문법 익히는 방식으로 귀납적 방식이 자주 사용되며, 과제 중심 접근법(Task-based approach)이 대표적인 하향식 교수 모형이다.

상향식 방법은 목표 문법을 정확하게 익힐 수 있다는 장점이 있지만 문법의 규칙을 익히고 연습하는 것에 중심을 두기 때문에 의사소통 활동이 제한적으로 이루어지는 단점이 있고, 하향식 방법은 과제 수행을 통해 의사소통 능력을 기를 수 있고 학생들이 자발적으로 참여할 수 있다는 장점이 있지만, 문법의 규칙을 이해하는 데 시간이 오래 걸리고 문법의 의미와 규칙을 정확하게 익히기 어려운 단점이 있다. 이미혜(2005)에서는 문법 구조가 복잡하고 문법적 기능이 강한 표현에는 상향식 교수 방법이 적절하고 문법 구조가 간단하고 의사소통 기능이 더 강한 표현에는 하향식 교수 방법이 적절하다고 하였다.

문법 교수 방법을 추측 표현 단계별 교육 목표에 적용해 봤을 때 추측 표현의 형태·통사적 제약과 의미를 정확하게 익혀야 하는 초급 단계에는 상향식 교수 방법과 연역적 교수 방법으로 접근하는 것이 적절하고 목표 추측 표현과 이미 학습한 추측 표현들과의 차이를 이해하고 상황에 맞는 표현을 선택할 수 있는 능력을 기르는 중고급 단계에서는 하향식 교수 방법과 귀납적 교수 방법으로 접근하는 것이 적절하다. 그러나 특히 중급 단계에서는 학습자 언어 숙달도와 정해진 수업 시간 등의 제약이 있기 때문에 완전히 하향식, 귀납적 방법으로 추측 표현을 교육하기에는 현실적인 어려움이 있다. 따라서 이들 교수 방법을 절충해 각 단계에 맞게 사용하는 것이 가장 효과적일 것이다.

언어 교육에서 의사소통 능력이 중요시되면서 의사소통식 교수법이 언어 교육에 도입되고 한국어 교육에서도 의사소통식 교수법을 지향하게 되었다. 의사소통이라는 것은 담화 층위에서 이루어지는 것이기 때문에 의사소통식 교수법에서는 문법 교수 시 형태 통사적 특징에만 초점을 두지 말고 문법이 사용되는 문장 이상의 단위, 즉 담화 상황을 중심으로 교육이 이루어져야 한다는 것이 강조되기 시작했다.

한국어 교육에서도 상황적 맥락 기반, 상황적 맥락 중심, 담화 층위, 담화 맥락 등으로 담화 상황 중심적 교수법을 교육에 적용시키고 있는데 대부분 활용 단계에서만 이루어지고 문법 제시나 연습 단계에서는 여전히 패턴 연습(형태 변화 중심)이 더 많이 이루어지고 있다. 추측이라는 화자의 심리적 태도는 발화 현장에 존재하는 여러 가지 요인에 영향을 받고 화자가 어떤 태도로, 어떤 기능으로 사용하느냐에 따라 의사소통의 결과가 달라질 수 있기 때문에 추측 표현은 반드시 담화 상황 안에서 교육이 이루어져야 할 것이다.

2.1. 초급 단계

2.1.1. 교수 모형

추측 표현 초급 단계의 교육 목표는 학습자들이 추측의 의미를 이해하고 추측 표현의 형태·통사적 제약과 의미를 정확하게 익혀 사용할 수 있게 하는 것이다. 초급은 한국어의 기본 문장 구조를 이해하고 빈도수가 높은 어미와 보조 용언을 사용할 수 있는 단계로, 초급 단계에 추측 표현이 처음 제시되기 때문에 문법적 의미를 정확하게 익히는 것이 매우 중요하다. 그런 점에서 초급 단계에서는 교사가 문법 항목의 규칙을 학습자에게 명확하게 제시해 주고 학습자들은 연습을 통해 문형을 익히고 형태 단위에서부터 시작하여 문장 그 이상 단위까지 사용할 수 있도록 교육이 이어지는 상향식 교수 방법이 적절하다. 그리고 문법 제시 단계에서는 교사가 학생들에게 규칙을 정확하게 제시해 주고 학생들은 규칙을 적용해 연습하는 연역적 방법이 효과적이다.

그러나 상향식 교수법은 반복되는 패턴 연습과 교사 중심으로 진행되는 수업에 학생들은 흥미를 잃을 수도 있고 문법의 의미와 제약에 집중하다 보니 사용 측면에 소홀해질 수 있는 문제점을 가지고 있다. 따라서 이런 점을 보완하기 위해서는 교육이 이루어지는 일련의 과정에서 담화 상황 중심으로 제시하고 연습하고 활용할 필요가 있다.

한국어 교육은 도입, 제시, 연습, 활용, 마무리 단계로 수업이 구성된다. 도입 단계에서는 주제를 제시하고 학습자들의 동기를 유발시키고, 제시 단계에서는 목표 문형을 제시하고 이해시킨다. 연습 단계에서는 제시 단계에서 배운 목표 문형을 연습하고 활용 단계에서 다양한 영역의 과제를 수행하면서 목표 문형을 활용해 본다. 그리고 마지막 마무리 단계에서 교사가 목표 문형을 다시 정리해 주고 학습자들에게 피드백을 준다.

상향식 교수 방법을 바탕으로 초급 단계에 맞는 추측 표현 수업 모형을 제시해 보면 다음과 같다.

<초급 단계 교수 모형>

도입 : 주제 제시, 학습자 동기 유발

제시 : 연역적 방법을 통한 문형 제시 및 이해

연습 : 형태 연습 ⇨ 문장 연습 ⇨ 담화 연습

활용 : 연역적 방법을 통한 활동
과제 수행 준비 ⇨ 과제 수행 ⇨ 과제 평가

마무리 : 문법 정리 및 피드백

도입 단계는 교사가 학습자들에게 수업 주제를 제시해 주면서 학습자들의 동기를 유발하는 단계로 교사는 이 과정을 통해서 자연스럽게 목표 추측 표현을 노출시킬 수 있다. 초급 단계는 학습자들의 한국어 실력이

낮기 때문에 교사가 길게 설명하는 것보다는 사진이나 동영상과 같은 시각적 자료를 이용해 추측 표현이 사용되는 상황을 제시해 주고 간단한 질문과 대화로 학생들에게 상황을 이해시킨다.

제시 단계는 교사가 학습자들에게 목표 추측 표현을 제시하고 추측 표현의 형태·통사적 특징 및 의미를 명확하게 제시해 주는 단계이다. 초급 단계에서는 추측 표현을 정확하게 익히는 것이 무엇보다 중요하기 때문에 문법 제시와 연습 단계에서는 연역적 방법을 이용하는 것이 좋다. 교사는 먼저 학습자에게 사진이나 그림과 같은 시각 자료를 보여주고 학습자들에게 추측하기를 유도한다. 이때 사용되는 사진이나 그림은 목표 추측 상황을 잘 보여줄 수 있어야 한다. 이 과정을 통해서 학습자들은 자연스럽게 해당 추측 표현을 사용할 수 있는 상황을 익힐 수 있다.

다음으로 교사는 학습자들에게 목표 문형을 제시해 준 다음 의미와 결합 환경에 따른 형태 변화를 간단하고 명확하게 설명해 준다. 결합 환경에 따른 형태 변화를 설명해 줄 때는 결합 용언 별로 형태 변화가 없는 현재형부터 제시해 주고 다음으로 과거형, 미래형을 제시해 주도록 한다. 의미 자질을 제시해 줄 때는 초급 단계임을 고려해 가장 중요한 자질만 제한적으로 제시해 주어야 하며 특히 화용적 특징은 초급 단계에서는 언급하지 않는 것이 좋다. 초급 단계는 추측 표현이 처음 제시되는 단계이므로 학습자들의 부담감을 줄여주어야 하고 추측 표현을 익혀 사용할 수 있는 것에 목표를 두기 때문에 추측의 의미 이외에는 제시해 주지 않도록 한다.

예를 들어 처음으로 제시되는 추측 표현 '-은/는/을 것 같-'을 교수할 때 문법 제시 단계에서 추측의 의미만을 제시하고 완곡한 표현으로서의 '-은/는/을 것 같-'은 언급하지 않도록 한다. 이 단계에서 가장 중요한 것은 학습자들이 '-은/는/을 것 같-'을 사용해 추측을 표현하는 것이기 때문이다. 여기에서 완곡의 기능을 언급하지 않는다는 것은 교육 내용에서 제외한다는 의미는 아니다. 연습 및 활용 단계에서 완곡으로서의 '-은/는/을 것 같-'이 드러날 수 있도록 노출을 시켜 자연스럽게 접할 수 있도록 하되 문법 제시 단계에서 명시적으로 설명해 주지 않는다는 의미이다.

완곡한 표현으로서의 '-은/는/을 것 같-'은 중급 1단계에서 다시 다루어지기 때문에 초급 단계에서 명시적으로 설명을 해 줄 필요는 없지만 그렇다고 완전히 배제할 필요는 없다. 가령 쇼핑하는 장면에서 상대방이 선택한 옷이 별로일 때 화자는 '옷이 조금 큰 것 같아요'로 일반적인 추측 표현으로 사용하지만, 화용적으로 완곡의 기능을 가지기 때문에 이런 상황을 굳이 배제할 필요 없이 자연스럽게 학습자들에게 노출시키는 것이 좋다.

연습 단계는 목표 추측 표현을 연습하는 단계로 초급 단계의 연습은 교사의 통제하에 간단한 형태 연습에서 복잡한 담화 상황으로 점차 확대하여 목표 추측 표현을 연습하도록 한다. 이때 교사는 학습자들이 단순히 형태 변화만을 익히는 패턴 연습에서 벗어나 추측 표현이 사용되는 상황을 익히고 상황에 맞게 추측 표현을 사용할 수 있도록 형태 중심이 아니라 상황(담화) 중심으로 제시하도록 한다.

예를 들어 초급 추측 표현 '-겠-'의 경우, 결합 용언에 따른, 시제에 따른 형태 연습을 먼저 시키고 다음으로 날씨를 이야기하는 상황, 음식의 맛에 관해서 이야기하는 상황 등과 같은 담화 상황을 제시해 주는데 반드시 '-겠-'의 주요 의미 자질인 판단 근거가 담화 상황에 존재하도록 상황을 설정해 주어야 한다.

활용 단계는 이전 단계에서 다루었던 하나의 상황을 확대해 과제로 활용하는 것이 좋다. 이 단계를 통해서 학습자는 다시 한번 목표 문형이 사용되는 상황을 자연스럽게 익힐 수 있을 것이다. 일반적으로 활용 단계에서 의미·화용적 기능을 중심으로 과제를 수행하는 것이 제일 좋지만, 추측 표현이 익숙하지 않은 초급 단계임을 고려해 추측 표현에 익숙해질 수 있도록 활용 내용을 구성해야 한다.

과제는 총 세 단계, 과제 수행 준비, 과제 수행, 과제 평가로 구성되는데 초급 단계이기 때문에 연역적 방법을 사용하는 것이 효과적이다. 목표 문형을 사용해 모든 영역을 활용한 통합 영역적 과제를 수행하도록 구성한다. 교사는 과제 준비 단계에서 학습자들에게 과제를 정확하게 제시해 주고 과제 수행에 필요한 준비를 시킨다. 또한 명확하게 목표 문형의 의미와 기능을 다시 확인시켜 주어야 한다. 과제가 완료되면 교사는 학생들의 과제를 평가하고 오류를 수정해 준다.

마지막으로 마무리 단계에서 교사는 목표 문형을 다시 간단하게 정리해 주고 학습자들에게 피드백을 해 준다.

이상으로 초급 단계의 수업 모형을 살펴보았다. 추측 표현 교육의 초급 단계에서는 상향식 교수 모형을 기본으로 하여 연역적 방법을 사용하여 추측 표현의 용법을 명확하게 제시해 주도록 한다. 수업 단계마다 담화 상황을 이용해 추측 표현을 제시해 주고 연습 활용할 수 있도록 수업을 구성해 추측 표현이 사용되는 상황을 자연스럽게 이해하고 의사소통 연습의 부족함을 보완하도록 해야 한다.

2.1.2. 교육 내용

초급 단계에서 다루어야 할 추측 표현 항목은 '-은/는/을 것 같-①, -겠-①, -을 것이-①, '-을까①'이다. 앞에서 살펴본 이 추측 표현 항목들의 특성을 중심으로 초급 단계에서 다루어야 할 교육 내용을 정리하면 다음과 같다.

<초급 단계 추측 표현 교수 내용>

추측 표현	형태·통사적 특징	의미·화용적 특징
-은/는/을 것 같-①	1) 1, 2인칭 주어 제약 2) 1, 2인칭의 내적 상태를 나타낼 때는 사용될 수 있음 3) 명령형, 청유형 결합 불가 4) 의문형 가능	1) 구어, 비격식적 상황에서 사용 2) 전문적, 공식적 상황에서 사용 제약 3) 확신의 정도: 중 4) 판단 근거 제약 없음
-겠-①	1) 1, 2인칭 주어 제약 2) 동사가 비행동성을 가질 경우 1인칭 주어 사용될 수 있음 3) '-았-' 후행 결합 불가 4) 명령형, 청유형 결합 불가 5) 의문형 가능	1) 확신의 정도: 중 2) 판단 근거: 현장 지각 경험 (직접 경험 불가)
-을 것이-①	1) 1, 2인칭 주어 제약 2) 동사가 비행동성을 가질 경우 1인칭 주어 사용될 수 있음 3) '-았-' 후행 결합 불가 4) 명령형, 청유형, 의문형 결합 불가	1) 확신의 정도: 상 2) 판단 근거: 과거 경험 3) 격식적인 상황에서 자주 사용 4) 안심, 위로의 기능

-을까①	1) 1, 2인칭 주어 제약 2) 의문형 종결어미이기 때문에 항상 의문형으로 사용 3) 후행 어미 결합 불가	1) 청자의 판단을 물어볼 때 사용 2) 확신의 정도: ?

1) '-은/는/을 것 같-①'

추측 표현 '-은/는/을 것 같-'은 두 단계에 나뉘어 초급과 중급에서 다루어지는데, '-은/는/을 것 같-①'은 한국어 학습자들이 처음 학습하는 추측 표현이다. 따라서 초급에서는 학습자들이 추측 표현의 의미를 이해하고 익숙해지는 것에 목표를 두고 교육해야 한다.

'-은/는/을 것 같-①'을 교육할 때 형태·통사적 특징 중에서 주어 제약을 가장 먼저 제시해 주어야 한다. 학습자들에게 1, 2인칭 주어 제약을 명확하게 제시해 준 다음, 예외적으로 화자 자신의 감정이나 내면 상태를 나타낼 때는 1인칭도 주어로 올 수 있음을 알려준다. 그러나 화자 자신의 감정이나 내면 상태를 추측 표현을 사용해 표현하는 것은 다른 언어에서도 나타나는 일반적인 현상이므로 학습자들은 큰 어려움 없이 이해할 수 있을 것이다.

그다음으로 어미 결합 제약을 제시해 준다. '-은/는/을 것 같-①'은 청유형, 명령형 어미와는 결합할 수 없지만, 의문형 어미와는 결합하여 의문형으로 사용될 수 있다. '-은/는/을 것 같-①'은 의문형 어미와 결합할 수 있는 몇 안 되는 추측 표현이기 때문에 의문형 어미와의 결합은 다른 추측 표현들과 구별되는 형태·통사적 변별 자질이 될 수 있을 것이다.

의미·화용적 특징 중에서는 '-은/는/을 것 같-①'이 큰 제약 없이 여러 상황에 두루 사용될 수 있음에 중점을 두고 교육한다. 완곡 표현으로서의 '-은/는/을 것 같-'은 중급 1단계에서 집중적으로 다루어지기 때문에 초급에서는 기본적인 추측 의미에 집중하도록 한다.

2) '-겠-①'

추측 표현 '-겠-'은 초급과 중급에 나뉘어 총 세 단계로 제시되는데, '-겠-①'은 초급 단계에 제시되는 표현이다. 초급 단계에서는 형태·통사적 특징 중 주어 제약에 가장 중점을 두고 교육하도록 한다. 특히 주어가 1인칭이고 동사와 결합할 경우 일반적으로 의지의 의미를 가지는데, 동사가 비행동성을 가질 경우 1인칭 주어도 추측의 의미로 사용될 수 있기 때문에 이 부분을 학습자들에게 명확하게 제시해 주어야 한다. 물론 비행동성이라는 용어는 초급 학습자들이 이해할 수 없지만, 추측의 '-겠-' 이전에 이미 의지의 '-겠-'을 학습했기 때문에 '의지'라는 용어 또는 의미로 학습자들에게 행동성과 비행동성의 의미를 이해시킬 수 있을 것이다. '-겠-①'도 '-은/는/을 것 같-①'처럼 의문형 어미와 결합이 가능하므로 이 점도 분명하게 제시해 주도록 한다.

의미·화용적 특징 중에서 초급 단계에서는 '-겠-①'의 판단 근거에 중점을 두고 교육하도록 한다. '-겠-①'은 발화 현장에 판단 근거가 반드시 존재해야 하며, 화자의 직접 경험은 판단 근거가 될 수 없는 특징을 가지고 있으므로 이것을 중심으로 교육하도록 해야 한다.

3) '-을 것이-①'

추측 표현 '-을 것이-'도 초급과 중급에 나뉘어 두 단계로 제시되는데 초급 단계에서 제시되는 '-을 것이-①'는 '-겠-①'과 마찬가지로 주어 인칭 제약이 있지만, 동사가 비행동성을 가질 경우 1인칭도 주어로 올 수 있음을 제시해 주어야 한다. 그리고 '-을 것이-①'는 '-겠-①, -은/는/을 것 같-①'과 다르게 의문형으로 사용될 수 없기 때문에 의문형 어미 결합 제약을 반드시 제시해 주어야 한다. '-을 것이-①'는 추측 표현 중에서 확실성이 가장 높은 표현이므로 학습자들에게 확실성 자질과 과거의 경험을 판단 근거로 가지는 점 그리고 격식적인 상황에서 자주 사용되는 것에 중점을 두고 교육을 하도록 한다.

그리고 '-을 것이-①'가 다른 추측 표현들과 변별되는 특징 중 하나인 안심/위로의 기능을 초급 단계에서 제시해 주어 학습자들이 상대방을 위로하거나 안심시키는 상황에서 적절하게 사용할 수 있도록 교육해야 한다.

4) '-을까①'

'-을까'도 '-을 것이-'와 마찬가지로 초급과 고급에서 두 번 다루어지는데 초급에서는 청자의 판단을 물어보는 데 사용되는 것에 중점을 두고 교육을 하도록 한다. 화자가 '-을까①'를 사용해 청자에게 판단을 물어보는 경우 사태에 대한 확신의 정도는 청자의 몫이다. 따라서 발화 단계에서 '-을까①'의 확실성 정도를 예측하기 어렵다.

이상으로 초급 단계에 선정된 추측 표현들의 주요 교육 내용을 살펴보았다. 초급 단계에서는 각 추측 표현의 주요 용법을 개별적으로 교육한 다음, 선행 학습한 추측 표현 항목과의 비교를 통해서 차이점을 제시해 주도록 한다. 한국어 교육에서는 추측 표현의 개별 용법에 중심을 두고 있어 추측 표현 간의 차이에 대해서는 제대로 교육이 이루어지지 못하고 있다. 그 결과 김세령(2011)의 추측 표현 오류 분석에서 나타난 것처럼 한국어 학습자들은 추측 표현을 상황에 맞게 사용하는 것을 가장 어려워하였다. 이러한 문제를 해결하기 위해서는 추측 표현 교육에서 반드시 추측 표현 간의 차이를 학습자들에게 제시해 주어야 한다.

앞에서 제시된 개별 항목들의 교육 내용을 중심으로 초급에 분류된 추측 표현들의 차이를 살펴보도록 하자. 추측 표현들의 공통적인 자질은 제외하고 차이점을 중심으로 초급 단계 학습자들이 추측 표현들을 변별하는 데 중점을 두어야 할 부분을 중심으로 살펴보도록 하겠다.

▶ '-은/는/을 것 같-①'과 '-겠-①'

초급 단계에서 추측 표현 '-은/는/을 것 같-①'과 '-겠-①'을 변별해 줄 수 있는 가장 큰 차이점은 판단 근거이다. '-은/는/을 것 같-①'은 판단 근거에 특별한 제약 없지만 '-겠-①'은 발화 현장에 판단 근거가 존재해야 한다.

(94) 가. (바로 앞에 놓인 음식을 보고)
　　　이 음식이 {맛있겠어요/맛있을 것 같아요}.

나. (다른 사람에게 어제 먹은 음식 이야기를 듣고)

　　음식이 {맛있었겠어요/맛있었을 것 같아요}.

다. (어제 옆 테이블에서 주문한 음식을 다시 이야기하며)

　　어제 그 음식이 {*매웠겠어요/매웠을 것 같아요}.

(94가)~(94나)는 발화 현장에 판단 근거가 존재하는 경우로 이때 '-은/는/을 것 같-①'과 '-겠-①'은 모두 사용될 수 있다. 그러나 (94다)와 같이 판단 근거가 발화 현장에 존재하지 않는 경우 '-은/는/을 것 같-①'은 사용될 수 있지만 '-겠-①'은 사용될 수 없다.

그리고 '-은/는/을 것 같-①'은 화자의 직접, 간접 경험 모두를 판단 근거로 가질 수 있지만 '-겠-①'은 화자의 직접 경험을 판단 근거로 가지지 못하는 특징이 있다.

(95) 가. (화자가 발화 현장에서 음식을 먹지 않고 보기만 하는 상황)

　　　　우와 저 음식이 {맛있겠어요/맛있을 것 같아요}.

나. (화자가 현장에서 음식을 먹어 보고)

　　음식이 {맛있는 것 같아요/*맛있겠어요}.

다. (화자가 과거에 음식을 먹어본 기억을 떠올리며)

　　그 음식이 {맛있었던 것 같아요/*맛있었겠어요}.

(95가)와 같이 화자가 발화 현장에서 직접 음식을 먹어 보지 않고 시각으로 간접 경험을 한 경우에는 '-은/는/을 것 같-①'과 '-겠-①'이 모두 사용될 수 있지만 (95나)~(95다)와 같이 화자가 발화 현장 또는 그 이전에 직접 경험을 한 경우에는 '-은/는/을 것 같-①'은 사용이 가능하지만

'-겠-①'은 불가능하다.

판단 근거와 관련해 추측 표현 '-은/는/을 것 같-①'과 '-겠-①'이 사용될 수 있는 상황을 정리해 보면 다음과 같다.

<'-은/는/을 것 같-①'와 '-겠-①'의 차이>

		과거 사태		현재, 미래 사태
직접 경험	발화 현장	-았던 것 같-	발화 현장	-은/는 것 같-
	발화 현장 외	-았던 것 같-	발화 현장 외	-은/는 것 같-
간접 경험	발화 현장	-았을 것 같-, -았겠-	발화 현장	-을 것 같-, -겠-
	발화 현장 외	-았을 것 같-	발화 현장 외	-을 것 같-

▶ '-겠-①'과 '-을 것이-①'

초급 단계에서 추측 표현 '-겠-①'과 '-을 것이-①'를 변별해 줄 수 있는 자질은 판단 근거와 안심, 위로의 기능이다.

첫째, 앞에서 살펴본 것처럼 '-겠-①'은 판단 근거가 발화 현장에 존재해야 하며 화자의 직접 경험은 판단 근거로 사용될 수 없는 제약이 있다. 그러나 '-을 것이-①'는 판단 근거가 발화 현장에 존재하지 않고 화자의 과거 경험을 바탕으로 하는데, 이때 과거 경험은 직접, 간접 경험 모두 가능하다. 따라서 초급 학습자들에게 판단 근거가 발화 현장에 존재하는지 또는 화자의 과거 경험인지의 차이로 두 표현을 변별해 줄 수 있다.

(96) 가. (바로 앞에 놓인 음식을 처음 보는 상황)

이 음식이 {맛있겠다/*맛있을 거야}.

나. (메뉴판에서 예전에 먹어 본 적이 있는 음식 이름을 보고)

이 음식이 {*맛있겠다/이 음식이 맛있을 거야}.

(96가)처럼 화자가 음식에 대한 정보나 경험이 전혀 없는 상태에서 발화 현장에서 음식을 처음 본 경우 '-겠-①'은 자연스럽지만, '-을 것이-①'는 어색하다. 그러나 (96나)처럼 발화 현장에 판단 근거가 존재하지 않고 화자의 과거 경험, 즉 음식에 대한 정보를 이미 가지고 있는 경우에는 '-을 것이-①'는 자연스럽지만 '-겠-①'은 불가능하다.

둘째, 안심·위로의 기능으로 두 표현을 변별할 수 있다. '-을 것이-①'는 담화 상황에서 추측 기능 이외에 청자를 위로하거나 안심시키는 상황에 사용되지만, '-겠-①'은 청자를 안심시키거나 위로하는 상황에 사용될 수 없다.

(97) 가: 가방을 잃어버렸어요. 가방에 여권하고 휴대전화가 있어요.

　　 나: 가방을 {찾을 수 있을 거예요/*찾겠어요}. 걱정하지 마세요. 제가 도와줄게요.

(98) 가: 시험에 또 떨어져서 너무 슬퍼요.

　　 나: 걱정하지 마세요. 다음에는 시험에 꼭 {합격할 거예요/*합격하겠어요}.

(97)에서 화자는 가방을 잃어버려 난처한 상황에 처해 있는 청자에게 '-을 것이-①'를 사용해 '가방을 찾을 수 있음'을 확신에 찬 어조로 말하면

서 청자를 안심시키고 있다. (98)에서도 화자는 '-을 것이-①'를 사용해 시험에 떨어져 슬퍼하는 청자에게 '다음에 꼭 시험에 붙을 것'이라고 확신 있게 말하며 청자를 위로하고 있다. 그러나 이런 상황에 '-겠-①'을 사용하면 문장은 비문이 되어 버린다. 따라서 안심·위로의 기능으로 학습자들에게 '-을 것이-①'와 '-겠-①'의 차이를 설명해 줄 수 있다.

▶ '-은/는/을 것 같-①'과 '-을 것이-①'

첫째, 초급 단계에서 '-은/는/을 것 같-①'과 '-을 것이-①'는 의문형 어미 결합으로 변별해 줄 수 있다. 추측 표현 '-은/는/을 것 같-①'은 의문형 어미와 결합해 의문형으로 사용될 수 있지만, '-을 것이-①'는 의문형 어미와 결합할 수 없다.

둘째, '-은/는/을 것 같-①'과 '-을 것이-①'는 확실성의 차이로 변별해 줄 수 있다. '-을 것이-①'는 확실성이 매우 높은 표현이고 '-은/는/을 것 같-①'은 확실성이 중간 정도 되는 표현이다. 화자가 사태에 대해 강한 확신을 가지고 말할 때는 '-을 것이-①'를, 화자가 강하게 확신할 수 없는 상황에서는 '-은/는/을 것 같-①'을 사용할 수 있다.

셋째, 격식적 상황으로 두 표현을 변별할 수 있다. '-을 것이-①'는 격식적인 상황에 자주 사용되지만, '-은/는/을 것 같-①'은 비격식적인 상황에 자주 사용되고 격식적인 상황에는 사용되지 않는 제약이 있다.

▶ '-을까①'과 '-은/는/을 것 같-①, -겠-①'

이 추측 표현들은 모두 의문형으로도 사용될 수 있기 때문에 의문형으로 학습자들에게 변별해 줄 수 있다.

'-을까①'는 의문형 어미로 항상 의문형으로만 사용되지만 '-은/는/을 것 같-①'과 '-겠-①'은 의문형 어미와 결합해 의문형으로 사용될 수도 있고 평서형 종결어미와 결합해 평서형으로도 사용될 수 있다. 그리고 추측 표현 '-은/는/을 것 같-①'은 특별한 제약 없이 모든 상황에 두루 의문형으로 사용될 수 있지만, '-겠-①'은 판단 근거의 현장성 자질로 인해서 화자와 청자가 발화 현장에서 발화 현장에 존재하는 근거를 바탕으로 할 때만 사용될 수 있다.

반면 '-을까①'는 판단 근거에 특별한 제약이 없지만 화자와 청자가 사태에 대한 정보가 없을 때 즉 발화 현장에 판단 근거가 드러나지 않을 때 사용이 더 자연스럽다.

> (99) 가. (두 사람이 같이 하늘을 보면서)
>   네 생각에 비가 곧 {그치겠니/*그칠까/그칠 것 같아}?
>   나. (두 사람이 방 안에서 바깥 날씨를 보지 못하는 상황)
>   지금 밖에 비가 {올까/*오겠어/오는 것 같아}?

(99가)는 화자와 청자가 같이 하늘을 보면서 화자가 청자에게 비가 언제 그칠 것인지에 대한 추측을 요구하는 경우로 '-겠-①'과 '-은/는/을 것 같-①'은 사용이 자연스럽지만 '-을까①'는 어색하다. 반면에 (99나)처럼 화자와 청자가 방 안에서 바깥 날씨를 보지 않고 청자에게 바깥 날씨를 추측해 보게 하는 상황에서는 '-겠-①'은 어색하지만 '-을까①'와 '-은/는/을 것 같-①'은 자연스럽다. 따라서 학습자들에게 의문형에서 '-겠-①'

은 화자와 청자가 발화 현장에서 현장에 존재하는 근거를 바탕으로 할 때 사용이 자연스럽고 '-을까①'는 사태에 대한 정보가 없는 상황에서 사용이 더 자연스럽다고 차이를 설명해 줄 수 있다.

2.2. 중급 단계

2.2.1. 교수 모형

중급 단계의 추측 표현 교육 목표는 선행 학습한 추측 표현과의 차이를 이해하고 상황에 맞는 표현을 선택하여 사용할 수 있게 하는 것이다. 중급 단계는 학습자들이 인용절을 이해하고 사용할 수 있고 완벽하지는 않지만 대부분의 문법을 사용할 수 있는 단계이다. 그리고 중급 단계에 본격적으로 많은 추측 표현들이 제시되기 때문에 이 단계에서는 반드시 추측 표현 간의 차이를 이해하고 상황에 맞게 추측 표현을 선택해 사용할 수 있도록 교육해야 한다.

초급 단계에서는 기본적인 추측 표현의 의미를 중심으로 형태·통사적 특징에 중점을 두고 교육을 했다면 중급 단계에서는 좀 더 복잡한 발화 상황, 화자의 사태에 대한 태도, 화용적 의미 등 추측에 영향을 미치는 요소들을 중심으로 추측 표현 간의 차이를 이해할 수 있도록 교육해야 한다.

중급 단계 한국어 학습자들은 한국어 수준은 많이 향상되었지만, 아직 한국어를 자유자재로 사용할 수 있는 단계가 아니므로 학습자들의 한국어 수준을 고려하여 초급과 동일하게 상향적 교수 방법과 연역적 방법을 기본으로 하고 부분적으로 하향적 교수 방법을 접목한 절충형 교수 방법을 제안한다. 상향식 교수 방법을 바탕으로 한 중급 단계에 맞는 절충형 추측 표현 수업 모형은 다음과 같다.

<중급 단계 교수 모형>

도입 : 주제 제시, 학습자 동기 유발

제시 : 연역적 방법을 활용한 문형 제시 및 이해

연습 : 형태 연습 ⇨ 문장 연습 ⇨ 담화 연습 ⇨ 선행 추측 표현과 비교

활용 : 귀납적 방법을 통한 활동
과제 수행 준비 ⇨ 과제 수행 ⇨ 과제 평가

마무리 : 문법 정리 및 피드백

수업 구성은 초급 단계와 동일하게 도입, 제시, 연습, 활용, 마무리 단계로 구성된다. 도입 단계는 초급 단계와 마찬가지로 담화 상황 중심의 시각 자료를 이용해 목표 추측 표현을 노출시키고 학습자들의 동기를 유발한다. 교사는 초급 단계에서 학습한 추측 표현을 사용해 발화하면서 학습자들에게 목표 문형이 추측 표현임을 인지시켜 주도록 한다.

중급 제시 단계에서도 초급 단계와 같이 연역적 방법을 이용해 교사가 학습자들에게 추측 표현의 형태·통사적 특징 및 의미를 명확하게 제시해 주도록 한다. 교사가 학습자들에게 사진이나 그림 또는 지시문을 이용해 학습자들에게 추측을 유도한 다음, 목표 문형을 이용해 학습자의 발화를

수정해 준다. 그다음 교사는 학습자들에게 목표 문형을 명확하게 제시해 주고 의미와 결합 환경에 따른 형태 변화를 정확하게 제시해 준다. 중급 단계의 학습자들은 이미 문법 형태 변화에 익숙하므로 형태 변화 부분은 간단하게 제시해 주고 통사적, 의미적 특징에 중점을 두고 교수해야 한다. 학습자들이 선행 학습한 추측 표현들과의 차이를 인지해야만 목표 문형을 올바르게 사용할 수 있기 때문에 통사적 의미적 특징에 중점을 두어야 한다. 이때 교사는 담화 차원에서 추측 표현을 이해할 수 있도록 제시해 주어야 한다.

연습 단계에서는 간단한 형태 연습에서 복잡한 담화 상황으로 점차 확대하여 목표 추측 표현을 연습한다. 중급 단계의 학습자들은 이미 형태 변화에 익숙하기 때문에 초급 단계에서처럼 많은 시간을 할애해 형태 변화를 자세히 연습할 필요는 없다.

중급 연습 단계에서는 반드시 해당 목표 추측 표현 연습이 이루어진 다음 선행 학습한 추측 표현과 비교할 수 있는 연습이 마지막 단계에 제시되어야 한다. 이 단계가 제대로 되지 않을 경우 추측 표현 교육은 연계성을 잃어버려 학습자들은 여전히 추측 표현을 학습했으나 추측 표현을 변별력 있게 사용하지 못하는 상황에 놓이게 될 것이며, 그렇게 되면 학습자들은 또다시 제약이 가장 적고 활용도가 높은 특정 표현만을 사용하게 되는 문제가 반복될 것이다. 연습 단계에서 이루어지는 모든 활동은 반드시 담화 상황으로 제시하여 학습자들이 추측 표현이 사용되는 상황에 자연스럽게 익숙해질 수 있도록 하고, 연습을 통해 추측 표현을 사용해 적극적으로 발화할 수 있도록 해야 한다.

활용 단계는 과제 수행을 목표로 과제 수행 준비, 과제 수행, 과제 평가 단계로 이루어진다. 초급 단계 활용에서는 그날 배운 목표 문형을 이용한 영역별 활동을 하는데 학습자가 활동 단계를 통해 새로운 문법적 지식을 발견하고 터득하는 것이 아니라 주어진 정보를 그대로 이용하는 방식으로 진행된다. 한국어 실력과 추측 표현에 대한 이해가 부족한 초급 단계에서는 활용 단계에서 연역적 방식을 활용하는 것이 적절하지만 중급 단계에서는 학습자들의 한국어 실력이 많이 향상되었을 뿐만 아니라 추측 표현에 대한 이해도도 높기 때문에 귀납적 방법을 이용해 학습자들 스스로가 문법적 지식을 발견할 수 있도록 수업을 구성하도록 한다.

특히 이 방법은 선행 학습한 추측 표현과 목표 추측 표현의 차이를 이해하는 데 효과적으로 사용할 수 있을 것이다. 귀납적 방법으로 과제를 수행하려면 학습자들에게 제시되는 상황이 명료해야 하기 때문에 상황이나 기능이 명확하도록 활동 내용과 자료를 제시해 주고 중급 학습자들임을 감안해 활동 중간중간에 교사가 개입해 활동이 진행될 수 있도록 도와주어야 한다. 중급 단계에서는 학습자들이 새로운 규칙을 찾는 것에 목표를 두는 것이 아니라 이미 학습한 표현들의 차이를 학습자 스스로가 능동적으로 찾아볼 수 있도록 하는 것에 활동의 목표를 둔다.

마지막으로 마무리 단계에서 해당 문형을 다시 정리해 주고 학생들에게 피드백을 해 준다.

이상으로 중급 단계의 수업 모형을 살펴보았다. 중급 단계에서는 상향식 모형을 기본으로 하여 문법 제시 단계에서는 연역적 방법을 이용하고,

활용 단계에서 귀납적 방법을 이용해 과제를 수행하는 절충식 모형을 제시하였다. 초급과 마찬가지로 수업 단계마다 담화 상황을 이용해 추측 표현을 제시, 연습, 활용하도록 수업을 구성해 학습자들이 능동적으로 추측 표현을 익히고 사용할 수 있도록 해야 한다.

2.2.2. 교수 내용

중급 단계에서 다루어야 할 추측 표현은 '-겠-②, -은/는/을 것 같-②, -은/는/을지 모르-, -을걸, -은/는지, -겠-③, -을 것-②, -나 보-, -은/는가 보-, -은/는가 보-, -을까②, -을까 보-'이다.

중급 단계에는 초급 단계에 이어 다시 제시되는 추측 표현들이 있기 때문에 통사적 제약을 확장해 주고, 화용적 기능을 중심으로 교육이 이루어져야 한다.

<중급 단계 추측 표현 교수 내용>

	추측 표현	형태·통사적 특징	의미·화용적 특징
중급 1 단계	-겠-②	1) 2인칭 주어만 가능 2) 의문형 불가	1) 공감의 기능 : 발화 현장에서 지각한 사태에서만 사용 가능
	-은/는/을 것 같-②	1) 주어 인칭 제약 없음	1) 완곡의 기능 (모든 상황에 두루 사용)
	-은/는/을지 모르-	1) 1, 2인칭 주어 제약 2) 화자의 불확실한 인지 사태/미실현 사태에 대해서는 주어 제약 없음 3) 명령형, 청유형 결합 불가	1) 확신의 정도: 하 2) 근거가 확실한 상황에서 사용될 수 없음 3) 판단 근거: 간접 경험 4) 완곡의 기능

		4) '-았-' 후행 결합 불가 5) '-은/는/을지 모르겠-'으로 사용 가능 6) '도'가 결합하면 의미 강조	
	-을걸	1) 1, 2인칭 주어 제약 2) 종결어미이기 때문에 문장 종결에만 사용 3) 후행 어미 결합 불가	1) 확신의 정도: 상 2) 진리, 세상 이치 등에 사용될 수 없음 3) 청자의 반응을 기대 4) 담화 시작에 사용될 수 없음
	-은/는지	1) 1, 2인칭 주어 제약 2) 화자의 불확실한 인지 사태/미실현 사태에 대해서는 주어 제약 없음 3) 연결어미이기 때문에 문장 종결에 사용될 수 없음	1) 확신의 정도: 하 2) 판단 근거: 현장 지각 경험 3) 후행절 사태를 바탕으로 선행절 사태를 판단
중급 2 단계	-겠-③	1) 주어 인칭 제약 없음 2) '-을 수 있겠다, -으면 좋겠다, -으면 되겠다, -아야 되겠다' 등의 형태로 사용	1) 완곡의 기능 2) '-으면 좋겠다'의 경우 화자의 희망, 바람의 의미를 동반
	-을 것-②	1) 주어 인칭 제약 없음	1) 완곡의 기능 2) 격식적 상황에서 사용 3) 권유, 조언의 상황에 자주 사용 4) 거절, 반대하는 상황에 사용할 수 없음
	-나 보-	1) 1, 2인칭 주어 제약 2) 화자가 인지하지 못한 사실을 나중에 깨달은 경우 주어 제약 없음 3) 후행 어미 결합 불가 4) 형용사 결합 제약	1) 확신의 정도: 중 2) 판단 근거: 현장 지각 경험 3) 관찰자적 태도 4) 구어, 비격식적 5) 정보 제공 기능

-은/는가 보-	1) 1, 2인칭 주어 제약 2) 화자가 인지하지 못한 사실을 나중에 깨달은 경우 주어 제약 없음 3) 후행 어미 결합 불가	1) 확신의 정도: 중 2) 판단 근거: 현장 지각 경험 3) 관찰자적 태도 4) 구어, 비격식적 5) 정보 제공 기능
-을 터이-	1) 1, 2인칭 주어 제약 2) 가정 조건절, 비행동성 동사, 미실현 사태일 경우 주어 제약 없음 3) 종결어미, 연결어미 제약 4) '-을 텐데, 을 테니까' 형태로만 사용	1) 확신의 정도: 상 2) 판단 근거: 과거 경험 3) 완곡의 기능(제한적) 4) 반사실적 가정에서는 후회, 아쉬움을 나타냄 5) 당위적 상황에 자주 사용
-을까②	1) 주어 인칭 제약 없음 2) '-다고 할까?, -지 않을까?' 형태로 사용	1) 확신의 정도: 중 2) 판단 근거: 제약 없음 3) 화자의 판단 4) 구어, 비격식
-을까 보-	1) 1, 2인칭 주어 제약 2) 화자의 불확실한 인지 사태/미실현 사태에 대해서는 주어 제약 없음 3) '-아서'와 결합해 항상 '-을까 봐-' 형태로만 사용 4) 후행 어미 결합 제약 5) 후행절에 '걱정이다, 두렵다, 고민이다' 등의 동사가 자주 옴	1) 확신의 정도: 하 2) 판단 근거: 비지각적 경험 3) 부정적인 사태 발생 가능성에 대한 추측 4) 걱정의 의미를 동반

중급 단계에는 초급 단계에 이어 다시 제시되는 추측 표현들이 있는데 그 표현들을 중심으로 살펴보도록 하자.

1) '-은/는/을 것 같-②'

'-은/는/을 것 같-②'은 초급에 이어 중급에 다시 제시되는 표현으로,

초급에서는 추측 기능을 중심으로 교육하였다면 중급에서는 화용적 기능에 바탕을 둔 완곡 기능을 중심으로 교육하도록 한다. 그러나 완곡의 기능이 추측의 기능과 완전히 분리되어 나타나는 것이 아니므로 초급 단계에서 이미 학습자들은 추측의 '-은/는/을 것 같-①'을 학습할 때 자연스럽게 완곡 표현으로서의 '-은/는/을 것 같-②'을 접하였다.

따라서 중급 단계에서 명확하게 완곡의 의미와 기능을 설명해 주고, 여러 추측 표현 중에서 '-은/는/을 것 같-②'이 가장 활발하게 완곡의 기능으로 사용됨을 제시해 주어야 한다. 완곡의 기능은 거절, 제안, 반대, 동의 등 다양한 상황에서 사용되기 때문에 학습자들에게 완곡의 기능이 나타나는 상황을 다양하게 제시해 주고 완곡의 기능을 익힐 수 있도록 교육해야 한다.

2) '-겠-②, ③'

추측 표현 '-겠-'은 초급 2단계에 처음 제시되고 중급 1, 중급 2단계에 다시 제시되는데 초급 2단계에서는 추측 기능을 중심으로, 중급 1단계에서는 공감의 기능을 중심으로, 중급 2단계에서는 완곡의 기능을 중심으로 교육하도록 한다. 공감의 기능은 '-겠-②'만이 가지는 특별한 기능으로 '-겠-②'이 공감의 기능으로 사용될 때 주어로 2인칭만 올 수 있고 의문형 어미와는 결합할 수 없다. 그리고 발화 현장에서 즉각적으로 이루어지는 반응이기 때문에 판단 근거 및 판단 시점이 현장성이라는 제약을 가진다.

중급 2단계에서는 완곡의 기능을 중심으로 교육한다. '-겠-③'이 완곡의 기능으로 사용될 때 주어 제약은 없고, 다른 추측 표현들과 다르게

'-겠-' 혼자서는 사용되지 못하고 '-으면 좋겠다, -아야 되겠다' 등과 같이 다른 양태 표현과 결합해서 사용되는데 특히 '-으면 좋겠다'의 경우 희망, 바람의 의미를 동반하게 된다.

3) '-을 것이-②'

다음으로 '-을 것이-②'를 살펴보도록 하자. '-을 것이-' 역시 초급에 이어 중급 2단계에 다시 제시되는데 초급에서는 추측 의미에 중심을 두고 중급에서는 완곡의 기능에 중심을 두고 교육하도록 한다. '-을 것이-②'는 확실성이 높은 표현이기 때문에 '-은/는/을 것 같-②'처럼 활발히 완곡한 표현으로 사용되지는 못한다. 추측 표현 '-을 것이-②'는 격식적인 상황에서 권유나 조언을 할 때 자주 사용되지만, 상대방의 체면을 손상시키는 반대나 거절을 해야 하는 상황에서는 잘 사용되지 않기 때문에 이 점에 유의해서 교육하도록 한다.

4) '-을까②'

'-을까'도 마찬가지로 초급 2단계에 이어 중급 단계에서 다시 제시되는데 초급에서는 청자의 판단을 묻는 용법을 중심으로 다루고 중급 단계에서는 '-지 않을까, -다고 할까'의 형태로 사용되어 화자의 판단을 나타내는 용법을 중심으로 다루도록 한다.

이상으로 중급 단계에 선정된 추측 표현들의 주요 교육 내용을 살펴보았다. 이제 초급·중급에 제시된 추측 표현들과의 비교를 통해서 학습자들이 추측 표현들을 변별하여 사용할 수 있도록 차이점을 자세히 알아보도록 하자. 추측 표현들을 확실성 정도로 나누어 확실성이 비슷한 표현들을 중심으로 차이점을 살펴보자.

▶ 확실성이 높은 표현

중급 단계 추측 표현 중에서 확실성이 높은 표현은 '-을 것이-, -을걸, -을 터이-'다.

'-을 것이-'와 '-을 터이-'는 구성 형식이 비슷하고 모두 과거의 경험을 판단 근거로 가진다는 점, 그리고 '-을걸'은 '-을 터이-'와 비슷하게 반사실적 가정 조건문과 사용될 경우 후회나 반박의 의미를 가지기 때문에 이 추측 표현들의 차이를 외국인 학습자들에게 명확하게 제시해 주기가 쉽지 않다.

우선 두 추측 표현 '-을 것이-'와 '-을 터이-'는 사용 형태에서 차이가 난다. '-을 것이-'는 대표형 그대로 사용되기도 하고 어미가 결합된 형태로 사용되기도 하지만, '-을 터이'는 연결어미와 결합해 '-을 텐데, -을 테니까' 등의 형태로만 사용된다. 따라서 학습자들에게 사용 형태의 차이를 인지시켜 줄 수 있다.

다음으로 '-을 것이-'와 '-을 터이-'는 사용되는 상황에서 차이를 보이는데 이기종(1996)에서는 상황의 차이를 '-을 것이-'는 '추리'라는 논리적 판단이 미치는 언술에 잘 사용되고 '-을 터이-'는 당위적 상황에 잘 사용된다고 설명하였다. 이기종(1996)의 설명이 이 두 추측 표현의 의미 차이를 아주 잘 보여 주지만, '추리 과정'이나 '당위적 상황'과 같은 용어와 개념을 직접 한국어 교육 현장에서 활용하기에는 현실적인 어려움이 있기 때문에 이것을 표현할 수 있는 새로운 접근 방법을 구상해야 한다. 우리는 연결어미 '-으니까'가 결합된 형태를 가지고 두 표현의 차이를 설명해 볼 수 있다.

(100) 오늘 비가 올 {테니까, ?거니까} 우산을 가지고 가.

예 (100)은 '-을 터이-'와 '-을 것이-'가 연결어미 '-으니까'와 결합해 후행절의 원인으로 사용된 경우인데 일반적으로 원인 명제는 타당하다고 믿는 사태를 보편적이고 객관적인 태도로 진술할 때 성립된다.[43] 따라서 '-으니까'가 포함된 선행절 사태는 화자가 타당하다고 믿는 즉, 화자만 사태 발생이 당연하다고 보는 것이 아니라 다른 사람들도 그렇게 생각한다는 태도가 전제되어야 한다.

(100)과 같이 화자가 비가 올 것이라는 사태를 바탕으로 청자에게 우산을 가지고 갈 것을 명령하는 상황에서, '-을 테니까'는 자연스럽지만 '-을 거니까'는 어색하다. 왜냐하면 '-을 것이-'는 화자가 사태 발생에 대해 높은 확신을 가지고 있지만, 사태 발생을 당연한 사실로 받아들이는 태도를 지니지 않았기 때문에 '-으니까'가 결합돼 청자에게 명령하는 경우에 사용이 어색하다. 반면에 '-을 터이-'는 당위적 상황에 자주 사용되는 표현으로 화자가 사태 발생을 타당한 것으로 보는 태도를 지녔기 때문에 '-으니까'와 결합해 후행절에 대한 원인을 나타내는 데 자주 사용된다.

---

43 이기종(1996:122)

따라서 '-으니까'와 결합되는 상황을 가지고 학습자들에게 두 표현의 차이를 설명할 수 있을 것이다.

　다음으로 반사실적 가정 조건문과 함께 사용되는 것으로 두 추측 표현을 변별해 줄 수 있다. '-을 터이-'는 반사실적 가정 조건문에 사용될 때 어미 '-ㄴ데'와 결합한 형태로 사용되는데 이때 후회나 아쉬움을 나타낸다. 반면 '-을 것이-'는 반사실적 가정 조건문에 사용되더라도 화자의 후회나 아쉬움을 나타내지 않고 현재의 사실과 반대되는 결과가 있었을 것이라는 확신을 나타낸다. 그리고 '-을 터이-'와 다르게 '-ㄴ데'와 결합한 형태로는 사용되지 않는다.

　　(101) 가. 내가 열심히 공부했더라면 시험에 합격했을 텐데.
　　　　　 나. 내가 열심히 공부했더라면 시험에 합격했을 거예요.

　(101)은 화자가 열심히 공부했더라면 시험에 합격했을 것이라고 결과를 추측하는 경우로, (101가)는 '-을 터이'를 사용해 화자가 과거에 열심히 공부하지 않았던 것을 후회하는 의미를 나타내고 있지만 (101나)는 후회 의미 없이 단지 화자가 열심히 공부했다면 합격했을 것이라고 결과를 강하게 추측하고 있다.

　'-을걸'도 '-을 터이'와 마찬가지로 반사실적 가정 조건문과 사용될 경우 후회, 반박, 다행 등의 의미를 가지는데 '-을 터이'는 후회나 아쉬움의 의미만을 가진다면 '-을걸'은 후회 및 반박, 다행 등 다양한 의미를 가진다는 점에서 차이가 난다. 그리고 '-을걸'은 '-을 터이-'와 '-을 것이-'와 다르게 구어에서만 사용이 가능하고, 담화 시작에서는 사용될 수 없는 제약이 있다. 또한 '-을걸'은 진리나 세상 이치 등에는 사용될 수 없지만 '-을 것이-'와 '-을 터이-'는 진리나 세상 이치에 자주 사용된다.

(102) 우리는 언젠가 틀림없이 {죽을 거예요/죽을 텐데/*죽을걸요}

(102)처럼 '인간은 언젠가는 죽는다'라는 불변적인 진리를 나타낼 때 '-을 것이-'와 '-을 터이-'는 사용이 자연스러운 반면 '-을걸'은 불가능하다.

▶ **확실성이 중간인 표현**

추측 표현 '-을 것 같다, -겠-, -나 보-, -은/는가 보-'는 확실성이 중간 정도인 표현들로 '-나 보-, -은/는가 보-'가 '-을 것 같다, -겠-'과 구별되는 가장 큰 차이점은 사태에 대한 화자의 태도이다.

'-나 보-, -은/는가 보-'는 화자가 사태에 대해 관찰자적 태도를 보이는데 반해, '-을 것 같다, -겠-'은 그런 태도를 보이지 않는다. '-나 보-, -은/는가 보-'가 관찰자적 태도를 가지기 때문에 판단 근거는 화자가 판단 시점에서 지각이 가능해야 한다. 따라서 판단 근거가 항상 발화 현장에 존재해야 하며 화자의 직접 경험은 판단 근거가 될 수 없다. 판단 근거와 판단 시점이 현장성을 갖는다는 점에서 추측 표현 '-나 보-, -은/는가 보-'는 '-겠-'과 비슷하다고 볼 수 있는데 담화 상황으로 이 둘의 차이를 설명할 수 있다.

(103) 가. (옆 사람이 먹는 음식을 보고)

　　　저 음식이 {맛있겠어요./*맛있나 봐요}

　　나. (많은 사람들이 그 음식을 먹는 것을 보고)

　　　저 음식이 {*맛있겠어요/맛있나 봐요}. 사람들이 많이 먹어요.

　(103)은 발화 현장에 존재하는 근거를 바탕으로 추측하는 상황으로 '-겠-'
과 '-나 보-'는 판단 근거에서 차이가 난다. 추측 표현 '-겠-'은 (103가)처럼
화자가 대상 음식을 발화 현장에서 직접 보고 음식의 색깔이나 모양, 냄
새 등을 근거로 판단하는 경우에 사용되지만 '-나 보-, -은/는가 보-'는
(103나)처럼 화자가 발화 현장에서 음식을 보고 판단하는 것이 아니라
음식과 관련된 다른 상황들을 바탕으로 판단하는 경우에 사용된다.

　따라서 '-나 보-, -은/는가 보-'와 '-겠-'은 판단 근거가 발화 현장에 존재
해야 하고 발화 현장에서 판단이 이루어지며 직접 경험은 판단 근거로
사용될 수 없다는 공통점이 있지만, '-겠-'은 추측의 대상을 직접 지각하
여 그것을 판단 근거로 삼고, '-나 보-, -은/는가 보-'는 추측의 대상과
관련된 것을 바탕으로 판단을 한다는 점에서 차이가 난다. 그리고 '-나
보-, -은/는가 보-'는 문장 또는 담화 상황에 판단 근거가 대부분 드러나
지만 '-겠-'은 그렇지 않다.

　반면에 추측 표현 '-은/는/을 것 같-'은 위의 두 표현과 달리 특별한
제약 없이 모든 상황에 두루 사용될 수 있다.

▶ 확실성이 낮은 표현

추측 표현 '-은/는/을지 모르-, -을까 보-, -은/는지'는 확실성 정도가

낮은 표현들로 이 표현들이 사용될 수 있는 상황과 의미를 중심으로 차이점을 보도록 하자.

이 세 추측 표현들은 모두 연결어미 형태로 사용될 수 있다는 공통점이 있는데 '-은/는/을지 모르-'는 종결어미와 결합해 평서형으로 사용되거나 연결어미와 결합해 문장을 연결하기도 한다. '-을까 보-'는 추측의 의미로 사용될 때 '-아서'와 결합해 '-을까 봐서' 형태로만 사용되고, '-은/는지'는 연결어미이다.

> (104) 가. 비가 올지 몰라서 {우산을 가지고 왔어요/*하늘이 흐려요}.
>
> 나. 비가 올까 봐서 {우산을 가지고 왔어요/*하늘이 흐려요}.
>
> 다. 비가 오려는지 {*우산을 가지고 왔어요/하늘이 흐려요.}

예문 (104)를 보면 (104가)~(104나)와 (104다)가 구분이 되는데 (104가)~(104나)는 '-은/는/을지 모르-'와 '-을까 보-'가 포함된 선행절이 후행절 행동 또는 결과의 원인이나 이유가 되고, 선행절의 판단 근거는 문장에 드러나 있지 않다. 반면에 (104다)처럼 '-은/는지'로 연결된 문장의 선행절은 후행절의 사태를 통해 추론한 결과이므로 후행절이 선행절 판단의 근거가 되고, 판단 근거가 문맥에 드러난다는 점에서 '-은/는/을지 모르-, -을까 보-'와 차이가 난다.

다음으로 문장 구조 형식이 비슷한 (104가)와 (104나)를 살펴보자. 두 예문 모두 '비가 올 것이다'라는 사태의 발생 가능성을 염두에 두고 사태가 실제 발생할 것을 대비해 우산을 가지고 왔다는 의미로 사용되었다. 그러나 '-은/는/을지 모르-'는 비가 올 수도 있다는 사태가 화자에게 부정적인 영향을 주지 않지만, '-을까 보-'는 화자가 사태 발생을 부정적으로 받아들여 걱정이나 불안과 같은 부가적인 의미를 가진다는 점에서 차이가 있다. 추측 표현 '-은/는/을지 모르-, -을까 보-, -은/는지'는 선행절과 후행절의 관계, 선행절이 가지는 부가적인 의미 등으로 변별할 수 있다.

2.3. 고급 단계

2.3.1. 교수 모형

추측 표현의 고급 단계 교육 목표는 학습자들이 추측 표현의 미묘한 의미 차이를 이해하고 구어와 문어에서 사용되는 추측 표현의 양상을 이해하여 정확하게 사용할 수 있도록 만드는 것이다. 고급 단계는 문법의 의미 차이를 이해하고 거의 오류 없이 모든 문법을 정확하게 사용할 수 있는 단계로 대부분의 필수 교육용 추측 표현을 학습한 상태이다. 고급 단계에 제시된 추측 표현들은 난도가 높은 표현보다는 구어에서 많이 사용되지 않아 교육 우선순위에서 밀려났지만, 문어에서 많이 사용되기 때문에 반드시 교육이 필요한 표현들이다.

일반적으로 고급 단계에서는 더 이상 목표 문형이 제시되지 않고 과제 중심으로 수업이 구성되어 있어서 텍스트 내에 제시된 새로운 문형들을 간단히 연습한다. 따라서 고급 단계에서는 교사가 담화나 텍스트를 제시해 주고 과제 활동을 통해서 학습자들이 문법 문형을 익히는 방식인 하향식 교수 방식을 적용할 수 있다. 하향식 교수는 과제 중심으로 이루어지기 때문에 추측 표현 수업 모형을 기존의 '도입-제시-연습-활용-마무리'

구성이 아닌 과제 중심으로 수업 모형을 구성해야 한다.

<고급 단계 교수 모형>

과제 수행 준비 – 과제 소개

과제 수행 – 과제 수행 (공동 수행)

과제 평가 – 과제 결과 발표 및 내용 정리

　고급 단계 추측 표현 수업 모형은 위와 같이 과제 수행 준비, 과제 수행, 과제 평가 단계로 설정한다. 고급 단계 수업 목표는 학습자들이 귀납적 방식을 이용해 스스로 규칙과 의미를 찾아낼 수 있게 하는 것이다. 과제 수행 준비 단계에서 교사는 학습자들에게 수행할 과제를 소개해 주고 수행에 필요한 자료들을 제공해 준다. 학습자들이 수행할 과제는 새로운 추측 표현의 의미적 특성을 이해하고 다른 추측 표현들과의 변별 자질을 발견하는 것이다. 이 단계에서 교사는 지시문과 함께 추측 표현이 사용되는 상황을 시각 자료로 제시해 준다. 지시문을 함께 제시해 주는 이유는 이후에 학습자들이 과제를 수행할 때 지시문에서 필요한 정보를 얻을 수 있도록 하기 위해서이다.

　과제 수행 단계에서는 학습자들이 팀을 이뤄 공동으로 과제를 수행해 낸다. 이 단계에서 교사는 학습자들이 성공적으로 과제를 수행해 낼 수 있도록 통제된 개입을 할 수 있다. 과제 평가 단계에서는 학습자들이 과제 결과를 발표하고 교사는 학습자의 결과를 보완하고 추측 표현 의미를 다시 한번 정확하게 설명해 주고 과제를 마무리한다.

이상으로 고급 단계의 수업 모형을 살펴보았다. 고급 단계에서는 하향식 모형을 기본으로 하여 귀납적 접근 방법으로 수업을 구성하고 각 수업 단계마다 담화 상황을 이용해 추측 표현을 교육해야 한다.

2.3.2. 교수 내용

고급 단계에서 다루어야 할 추측 표현은 '-은/는/을 듯하, -은/는/을 모양이-'다.

<고급 단계 추측 표현 교수 내용>

추측 표현	형태·통사적 특징	의미·화용적 특징
-은/는/을 듯하-	1) 1, 2인칭 주어 제약 2) 화자의 불확실한 인지 사태/미실현 사태에 대해서는 주어 제약 없음 3) 1인칭의 내적 상태를 나타낼 수 있음 4) 명령형, 청유형 결합 불가 5) 의문형 결합 가능 7) '-았' 후행 결합 가능	1) 확신의 정도: 하 2) 판단 근거: 제약 없음 3) 문어, 격식 4) 완곡의 기능
-은/는/을 모양이-	1) 1, 2인칭 주어 제약 2) 화자가 인지하지 못한 사실을 나중에 깨달은 경우 주어 제약 없음 3) 종결어미 제약	1) 확신의 정도: 중 2) 판단 근거: 현장 지각 경험 3) 문어, 격식 4) 관찰자적 태도

고급 단계에서는 일상생활에서 자주 사용되는 구어적 표현보다는 문어

에서 많이 사용되는 표현들이 많기 때문에 구어와 문어의 차이를 이해할
수 있도록 교육해야 한다.

1) '-은/는/을 모양이-'

추측 표현 '-은/는/을 모양이-'는 구어보다 문어에서 사용이 높은 표현
으로 화자가 사태에 대해 관찰자적 태도를 가진다는 점에서 '-나 보-,
-은/는가 보-'와 유사한 표현이다. 이 세 표현은 의미와 기능이 매우 유사
하여 표현 간의 의미 차이를 변별하기가 어려우므로 학습자들이 더욱
쉽게 변별할 수 있도록 통사적 차이를 중심으로 살펴보도록 하자.

먼저 앞서 언급한 것처럼 이 표현들은 사용 환경에서 차이를 보인다.
'-나 보-, -은/는가 보-'는 구어, 비격식적 상황에서 자주 사용되는 반면
'-은/는/을 모양이-'는 문어, 격식적인 상황에서 자주 사용된다. 다음으로
'-나 보-'는 형용사 결합할 때 (105)처럼 어간이 모음으로 끝나는 형용사
와는 결합할 수 없지만, '-은/는가 보-'와 '-은/는/을 모양이-'는 제약 없이
모든 형용사와 결합이 가능하다.

> (105) 가. 지애 씨는 잠을 못 자서 {피곤한 모양이에요/피곤한가 봐요 /*피
> 곤하나 봐요}.
> 나. 사람들이 많은 걸 보니까 음식이 {맛있는 모양이에요/맛있는가
> 봐요/맛있나 봐요}.

그리고 '-은/는/을 모양이-'는 과거 시제 선어말어미 '-았-'이 후행 결합
하여 과거의 판단을 나타낼 수 있지만 '-나 보-, -은/는가 보-'는 선어말어

미 '-았-'이 후행에 올 수 없다. 또한, 특징적으로 '-은/는/을 모양이-'가 '-은/는가 보-'와 결합해 '-은/는/을 모양인가 보-' 형태로 사용될 수 있지만 반대로 '-나 보-, -은/는가 보-' 뒤에는 '-은/는/을 모양이-'가 결합하지 못한다. 이기종(1996:131)에서는 '-은/는/을 모양인가 보-' 형태가 사용되는 현상을 '-은/는/을 모양이-'는 행위자가 스스로 통제할 수 없는, 뜻하지 않은 미연 사태는 인과 관계를 형성하기 어렵고 그런 점에서 피동 표현과 결합할 때도 '-은/는/을 모양이-'보다 이를 다시 짐작 표상하는 '-은/는/을 모양이-'가 더 자연스럽다고 하였는데 이 개념은 서정수(1996)의 행동성과 의미가 비슷하다.

(106) 가. 지애가 그네를 {탈 것 같다/타겠다/탈 모양이다/타려나 보다}.
　　　나. 영수가 계단에서 {미끄러지겠다/*미끄러질 모양이다/*미끄러지려나 보다}.
　　　다. 지애가 아이에게 이제 옷을 {?입힐 모양이다/입힐 모양인가 보다/?입히려나 보다}.
　　　라. 지애가 여행을 {갈 모양인가 봐/갈 모양이야}. 비행기 표를 사던데.

　(106가)는 주어의 의지로 행동을 결정하는 동사 '타다'가 사용된 예로 '-은/는/을 것 같-, -겠-, -은/는/을 모양이-, -나 보-' 등이 모두 사용될 수 있다. 그러나 (106나)의 '미끄러지다'처럼 동사가 주어의 의지가 아닌 비행동성을 가질 경우에는 '-은/는/을 모양이-, -나 보-, -은/는가 보-'는 사용될 수 없다. (106다)는 동사가 피동사인 예이고 (106라)는 행동성을 가진 동사가 사용된 예인데. 예문에서와 같이 '-은/는/을 모양인가 보-'

는 '-은/는/을 모양이-'가 사용될 수 환경에 모두 자연스럽게 사용될 수 있음을 알 수 있다. '-은/는/을 모양인가 보-'는 '-은/는/을 모양이-'보다 화자가 사태로부터 좀 더 거리감을 가지는 듯한 태도를 지니는데 이것은 화자가 어떤 상황에 처해 있느냐에 따라서 거리감을 더 둘 것인지 아닌지가 결정되는 것이지 피동 표현과 사용되었기 때문에 그렇다고는 볼 수 없다.

'-은/는/을 모양이-'의 비행동성은 동일하게 현장 경험을 근거로 하는 '-겠-'과의 차이를 구별할 수 있는 자질이 된다. '-은/는/을 모양이-, 나 보-, -은/는가 보-'는 동사가 비행동성, 행위자가 스스로 통제할 수 없어 일어나는 미연의 사태에 대해서는 사용이 불가능하지만 (106나)처럼 '-겠' 은 사용이 가능하다.

마지막으로 '-은/는/을 듯하-'는 '-은/는/을 것 같-'과 매우 유사한 추측 표현으로 모두 판단 근거에 특별한 제약이 없고, 모든 상황에 두루 사용될 수 있는 표현들이다. 다만 '-은/는/을 것 같-'은 구어, 비격식적인 상황에 두루 사용되는 반면에 '-은/는/을 듯하-'는 문어, 격식적인 상황에 더 자주 사용되고, '-은/는/을 것 같-'이 '-은/는/을 듯하-'보다 확실의 정도가 더 높다.

참고문헌

<학위 논문>

강소영(2001), "명사구 보문 구성의 문법화 연구 - '보문화소#보문명사+이'를 중심으로", 이화여자대학교 박사학위 논문.

김다미(2018), "한국어 어미 '-ㄴ지'의 통사와 의미 연구", 서울대학교 석사학위 논문.

김세령(2011), "한국어 학습자를 위한 추측 표현 교육 방안 연구", 전남대학교 석사학위 논문.

김정아(2019), "한국어교육을 위한 정형표현 항목 선정 연구", 경북대학교 박사학위 논문.

김효진(2012), "한국어 희망 구문 표현 연구", 동국대학교 석사학위 논문.

노지니(2004), "한국어 교육을 위한 '추측'의 통어적 문법소 연구", 서울대학교 석사학위 논문.

박재연(2004), "한국어 양태 어미 연구", 서울대학교 박사학위 논문.

선은희(2003), "한국어 문법 교수 방안 연구: 추측 범주 '-는 것 같다', '-나 보다', '-는 모양이다'를 중심으로", 연세대학교 석사학위 논문.

엄 녀(2009), "한국어교육을 위한 양태 표현 교육 연구", 서울대학교 박사학위 논문.

오승은(2018), "한국어 양태 표현 연구 - 추측과 의도의 의미를 중심으로", 서강대학교 박사학위 논문.

유민애(2012), "한국어 추측 표현의 교육 내용 연구", 서울대학교 석사학위 논문.

윤혜경(2017), "구어말뭉치를 기반으로 한 한국어 교육용 어휘 선정 연구", 가톨릭관동대학교 박사학위 논문.

윤혜진(2010), "한국어 교육용 추측 표현 항목 선정과 등급화에 관한 연구", 배제대학교 석사학위 논문.

이기종(1996), "국어의 짐작·추측 구문 연구", 한남대학교 박사학위 논문.

이미혜(2005), "한국어 문법 교육 연구-추측 표현을 중심으로", 이화여자대학교 박사학위 논문.

이상숙(2021), "한국어 교육을 위한 추측 표현 연구", 한양대학교 박사학위 논문.

이선영(2006), "한국어 교육을 위한 [추측] 표현 연구", 서울여자대학교 석사학위 논문.

이의종(2012), "증거성과 정보 관할권의 상호작용", 서울대학교 석사학위 논문.

이지연(2018), "한국어 양태 표현 연구-유사 문법 항목 비교를 중심으로", 연세대학교 박사학위 논문.

이지용(2017), "한국어 유사 문법 항목의 선정 연구", 고려대학교 박사학위 논문.

이혜용(2003), "[짐작], [추측] 양태 표현의 의미와 화용적 기능", 이화여자대학교 석사학위 논문.

이효정(2003), "한국어 교육을 위한 양태 표현 연구", 상명대학교 박사학위 논문.

장경희(2017), "추측 표현의 한·중 대응 양상 연구", 연세대학교 박사학위 논문.

장현균(2018), "한국어 어미 '-는지', '-을지'의 교육 방안 연구", 국민대학교 석사학위 논문.

정경미(2016), "한국어 추론 증거성", 고려대학교 박사학위 논문.

정미진(2014), "한국어 공손 표현의 교수학습 연구", 카톨릭대학교 박사학위 논문.

조일영(1994), "국어양태소의 의미기능 연구", 고려대학교 박사학위 논문.

지명희(2019), "다의미 종결어미의 의미 결정 요소 분석 연구 '-을걸'과 '-을 텐데'를 중심으로", 한국외국어대학교 석사학위 논문.

황지영(2019), "한국어 [추측] 표현의 공손성 실현 연구 -의존명사 구성을 중심으로-", 경희대학교 석사학위 논문.

황주하(2018), "한국어 추측 표현 교육 방안 연구 -고빈도 추측 표현을 중심으로-", 세종대학교 박사학위 논문.

한현종(1990), "현대국어의 시제체계의 수립과 그 제약조건", 서울대학교 석사학위 논문.

<학술지 논문>

강소영(2002). "[확연], [당연], [개연]의 양태표지 연구", 「한국어학」16, 한국어학회, 217-236쪽.

강현주(2010), "추측과 의지의 양태 표현 '-겠'과 '-(으)ㄹ 것이다'의 교육 방안 연구", 「이중언어학」43, 이중언어학회, 29-53쪽.

강현화(2012), "한국어교육에서의 담화 기반 문법 연구, 부정 표현의 맥락 문법을 활용하여", 「Foreign languages education」19-3호, 한국외국어교육학회, 201-212쪽.

_____(2012), "한국어교육학에서의 담화 연구 분석", 「한국어교육」23-1호, 국제한국어교육학회, 219-256쪽.

_____(2016), "의존(성) 명사를 포함하는 한국어교육 문법항목 연구 -교육용 문법항목 선정의 쟁점을 중심으로-, 「언어사실과 관점」38, 연세대학교 언어정보연구원(구 연세대학교 언어정보개발원), 63-86쪽.

구현정(2004), "존비어휘화에 나타나는 인지적 양상", 「한국어 의미학」14, 한국어의미학회, 97-120쪽.

권영은(2020), "'-을걸'의 의미와 기능 연구", 「한국어 의미학」70, 한국어의미학회, 301-338쪽.

_____(2020), "구어체 종결어미 '-을걸'의 양태 의미 연구", 「한국어 의미학」67, 한국어의미학회, 165-202쪽.

김동욱(2000), "한국어 추측 표현의 의미 차이에 관한 연구 - 'ㄴ것 같다', 'ㄴ듯 하다'와 'ㄴ가 보다', 'ㄴ모양이다'의 의미 차이를 중심으로", 「국어학」35, 국어학회, 171-197쪽.

김민영(2017), "한국어 교육을 위한 '듯(이)'와 '-듯(이)' 연구", 「인문학연구」56-4, 충남대학교 인문과학연구소, 131-155쪽.

김서형(2007), "한국어 교육을 위한 희망 표현 연구", 「한국어교육」18-1, 국제한국어교육학회, 23-48쪽.

김세령(2010), "한국어 학습자를 위한 추측 표현 교육 방안 연구", 「국어교과교육연구」17, 국어교과교육학회, 93-118쪽.

김용경(2016), "높임법에서의 한국어교육 문법 항목 설정", 「한말연구」42, 한말연구학회, 33-60쪽.

김유정(1998), "외국어로서의 한국어 문법 교육 - 문법 항목 선정과 단계화를 중심으로", 「한국어 교육」9-1, 국제한국어교육학회, 19-36쪽.

김제열(2001ㄱ), "한국어 교육에서 기초 문법 항목의 선정과 배열 연구", 「한국어 교육」9-1, 국제한국어교육학회, 93-121쪽.

나진석(1965), "국어 움직씨의 때매김 연구", 「한글」134, 한글학회. 1-137쪽.

도재학(2014), "우언적 구성의 개념과 유형에 대하여", 「국어학」71, 국어학회, 259-

304쪽.

문금현(2017), "한국어 공손성 표현의 생성 유형 분류", 「한국어와 문화」21, 숙명여자대학교 한국어문화연구소, 51-75쪽.

박은정(2006), "구어말뭉치를 통해 살펴본 '-겠-'의 실현양상 - 한국어 교재에 제시된 '-겠-'의 의미기능과의 비교를 중심으로-", 「언어와 문화」2-3, 한국언어문화교육학회, 39-69쪽.

박재연(2018), "'겠'-과 '-을 것이-'의 비대립 환경과 대립 환경", 「국어학」85, 국어학회, 113-149쪽.

박종갑(1986), "국어 의문문의 화용론적 특성(2) - 유형과 의미", 「語文學」47, 韓國語文學會, 45-64쪽.

박진호(2011), "시제, 상, 양태", 「국어학」60, 국어학회, 289-322쪽.

방성원(2004), "한국어 문법화 형태의 교육 방안 - '-다고' 관련 형태의 문법 항목 선정과 배열을 중심으로-", 「한국어 교육」15-1, 국제한국어 교육학회, 92-93쪽.

서정수(1977가), "-겠-에 관하여", 「말」 2, 연세대학교 한국어학당.

_____(1978), "'-ㄹ 것'에 대하여", 「국어학」6, 국어학회, 85-110쪽.

_____(1978), (1986), "국어의 서법", 「국어생활」7, 국어연구소, 116-130쪽.

손세모돌(1995), "'-고 싶다'의 의미 정립 과정", 「국어학」26, 국어학회, 147-169쪽.

손혜옥(2016), "한국어 인식양태 표지의 사용 양상", 「언어사실과 관점」39, 연세대학교 언어정보연구원(구 연세대학교 언어정보개발원), 249-285쪽.

신창순(1997), "용언토의 분석과 양태 범주", 「국어학」29, 국어학회, 139-169쪽.

안주호(2008), "한국어 교육에서의 문법화 과정 중에 있는 형태에 대한 연구 - {-ㄹ테-}를 중심으로-", 「어문연구」56, 어문연구학회, 5-32쪽.

엄진숙(2016), "외국인 대학생의 요청 담화에서의 적극적 공손 전략 실현 양상 연구", 「한국어교육」27-3, 국제한국어교육학회, 117-147쪽.

유해준(2017), "한국어 유사 기능 문법 연구", 「국제한국어교육학회 춘계학술발표논문집」, 국제한국어교육학회, 79-93쪽.

이금희(2013), "종결어미 -(으)걸, -는걸과 -(으)걸의 문법화 과정과 의미 특성", 「한국어 의미학」42, 한국어의미학회, 111-139쪽.

이미혜(2002), "한국어 문법 교육에서 '표현항목' 설정에 대한 연구", 「한국어교육」13-2, 국제한국어교육학회, 205-225쪽.

이기용(1978), "언어와 추정", 「국어학」6, 국어학회, 29-64쪽.

이선웅(2001), "국어의 양태 체계 확립을 위한 시론", 「관악어문연구」26, 서울대학교 국어국문학과, 317-339쪽.

이윤진·노지니(2003), "한국어 교육에서의 양태 표현 연구", 「한국어 교육」14-1, 국제한국어교육학회, 173-209쪽.

이준호(2010), "한국어 유의 문법 교육을 위한 TTT 모형의 활용 방안 -추측 표현 '-는 것 같다' '-나 보다' '-는 모양이다'를 중심으로", 「한국문법교육학회 학술발표논문집」2010-2, 한국어문법교육학회, 174-186쪽.

이필영(1998), "국어의 인지 표현에 관한 연구 – 관형구성의 불확실성 표현을 중심으로", 「한국어 교육」9-2, 국제한국어교육학회, 179-198쪽.

_____(2012), "추정과 비추정의 '-겠-'의 의미", 「어문연구」73, 어문연구학회, 109-126쪽.

이해영(2004), "한국어 교육에서의 문법 교육", 「KOREAN 교육 국제 학술 토론회 발표논문집」2004, 이화여자대학교 한국어문학연구소, 57-65쪽.

이효정(2004), "양태 표현 선정의 필요성 및 방법", 「국제한국어교육학회 학술대회논문집」24, 국제한국어교육학회, 379-394쪽.

임동훈(2001), "-겠-의 용법과 역사적 해석", 「국어학」37, 국어학회, 115-147.

장경희(1995), "국어의 양태 범주와 설정과 그 체계", 「언어」20-3, 한국언어학회, 191-205.

장경희(2016), "한국어 추측 표현 '-겠'의 중국어 대응표현 연구 -한중 신문기사 병렬 말 뭉치 분석을 중심으로-", 「한중인문학연구」53, 한중인문학회, 267-290쪽.

전나영(1999), "{-나 보다/-ㄹ 모양이다/-ㄹ 것 같다/-ㄹ 것이다/-겠다}의 의미기능", 「외국어로서의 한국어 교육」23-1, 연세대학교 한국어학당, 169-198쪽.

조형일(2017), "한국어 절(節, phrase) 중심 문형 교육 방안 논고 —학습 문형으로서 교육 의의를 중점으로", 「국어교육연구원」52-2, 국어교육학회, 426-451쪽.

탕이잉(2020), "한국어교육을 위한 유사 문법 항목의 비교 기술 방안 연구-추측 표현 '-ㄹ 것 같다', '-나 보다'를 중심으로-", 「한국어 교육」31-1, 국제한국어교육학회, 137-172쪽.

황용주·최정도(2016), "21세기 세종 말뭉치 제대로 살펴보기-언어정보나눔터 활용하기", 「새국어생활」26-2, 국립국어원, 73-86쪽.

황주하(2015), "한국어교육학: 상황 맥락을 고려한 한국어 추측 표현 연구 - '-것 같다', '-을 것이다', '-겠-'을 중심으로-", 「새국어교육」102, 한국국어교육학회,

365-389쪽.

<단행본>

강현화 외(2017), 「한국어 유사 문법 항목 연구」, 한글파크.

고영근(1987), "서법과 양태의 상관관계", 「국어학 신연구」, 탑출판사.

김민수(1982), 「국어문법론」, 일조각.

김지은(1998), 「우리말 양태 용언 구문에 대한 연구」, 한국문화사.

박병선(2000), "현대 국어 양태 표현의 변천", 「현대국어의 형성과 변천」, 박이정.

서상규(2009), 「국어 형태·의미의 탐색」, 역락.

성기철(2007), 「한국어 문법 연구」, 글누림출판사.

서정수(1996), 「수정증보 국어문법」, 한양대 출판원.

장경희(1985), 「현대국어의 양태범주 연구」, 탑출판사.

장경희 외(1998), 「서법와 양태」, 태학사.

한동완(1996), 「국어의 시제 연구」, 태학사.

최현배(1937), 「우리말본」, 정음문화사.

Bybee, J., R, Perkins, & W. Paglliuca(1994). *The Evolution of Grammar: Tense, Aspect, and Modality in the Language of the World.* The university of Chicago Press.

Lyons, J.(1977). *Semantics I·II.* Cambridge University Press.

Palmer, F. R.(1979/1990). *Modality and the English Modals.* 2nd Edition. Longman.

Sweetcher(1990). *From Etymology to Pragmatics.* Cambrige University Press.

Thornbury, S.(1999). *How to teach grammar.* 이관규 외 역(2004), 「문법을 어떻게 가르칠 것인가?」 한국문화사.

<사전 및 한국어 교재>

국립국어원(2007), 「외국인을 위한 한국어 문법Ⅱ」, 커뮤니케이션북스.

국립국어원(2008), 「표준국어 대사전」, 두산동아.

백봉자(2006), 「외국어로서의 한국어문법 사전」, 도서출판 하우.

서강대학교 한국어교육원(2015), 「서강 New 한국어 1-6」, ㈜도서출판 하우.

서상규 외(2008), 「(외국인을 위한) 한국어 학습 사전」, 신원프라임.

서울대학교 언어교육원(2013), 「서울대 한국어 1-6」, ㈜문진미디어.

연세대학교 한국어학당(2013), 「연세 한국어 1-6」, 연세대학교 출판문화원.

이희자·이종희(2014), 「어미·조사 전문가용 사전」, 한국문화사.

이화여자대학교 언어교육원(2010), 「이화 한국어 1-6」, Epress.

<기타>

국립국어원(2011), 21세기 세종계획 최종 성과물 CD.

김중섭(2010), 「국제 통용 한국어 교육 표준 모형 개발 1단계」, 국립국어원.

_____(2011), 「국제 통용 한국어 교육 표준 모형 개발 2단계」, 국립국어원.

김호정(2012), 「한국어교육 문법·표현 내용 개발 연구 제1단계」, 국립국어원.

양명희(2013), 「한국어교육 문법·표현 내용 개발 연구 제2단계」, 국립국어원.

_____(2014), 「한국어교육 문법·표현 내용 개발 연구 제3단계」, 국립국어원.

_____(2015), 「한국어교육 문법·표현 내용 개발 연구 제4단계」, 국립국어원.

<구어 말뭉치 추측 표현 사용 빈도 분석표>

	추측 표현 항목	추측 표현 사용 빈도	사용 비율
1	-은/는/을 것 같-	2,882	40.24%
2	-겠-	2,052	28.65%
3	-을 것이-	765	10.68%
4	-나 보-	286	3.99%
5	-을까	274	3.83%
6	-을 터이-	176	2.46%
7	-은/는가 보-	152	2.12%
8	-은/는/을지 모르-	132	1.84%
9	-을걸	104	1.45%
10	-어/아/여 보이-	75	1.05%
11	-은/는지	72	1.01%
12	-을까 보-	45	0.63%
13	-은/는/을 듯하-	38	0.53%
14	-을까 하-	30	0.42%
15	-나 하-	17	0.24%
16	-은/는/을 듯	13	0.18%
17	-을까 싶-	13	0.18%
18	-은/는가 하-	11	0.15%
19	-은/는가 싶-	10	0.14%
20	-나 싶-	9	0.13%
21	-으려나	3	0.04%
22	-은/는/을 모양이-	2	0.03%
23	-으려니	1	0.01%
24	-은/는/을 듯싶-	0	0.00%
25	-을 성싶-	0	0.00%
	총계	7,162	100%

<구어 말뭉치 추측 의미 사용 빈도 분석표>

	추측 표현 항목	추측 표현 사용 빈도	추측 의미 사용 빈도	추측 의미 사용 비율
1	-은/는/을 것 같-	2,882	2,882	100.00%
2	-나 보-	286	286	100.00%
3	-은/는가 보-	152	152	100.00%
4	-어/아/여 보이-	75	75	100.00%
5	-은/는/을 듯하-	38	38	100.00%
6	-나 하-	17	17	100.00%
7	-을까 싶-	13	13	100.00%
8	-은/는가 하-	11	11	100.00%
9	-은/는가 싶-	10	10	100.00%
10	-나 싶-	9	9	100.00%
11	-으려나	3	3	100.00%
12	-은/는/을 모양이-	2	2	100.00%
13	-으려니	1	1	100.00%
14	은/는/을지 모르-	132	132	100.00%
15	-을까 보-	49	45	91.84%
16	-을 터이-	228	176	77.19%
17	-을걸	142	104	73.24%
18	-을까	378	274	72.49%
19	-은/는/을 듯	21	13	61.90%
20	-을까 하-	50	30	60.00%
21	-을 것이-	1,405	765	54.45%
22	-겠-	4,229	2,052	48.52%
23	-은/는지	1,405	72	5.12%
24	-은/는/을 듯싶-	0	0	0.00%
25	-을 성싶-	0	0	0.00%

<한국어 교재 추측 표현 제시 분석표>

	추측 표현 항목	서강 한국어	서울대 한국어	연세 한국어	이화 한국어
1	-은/는/을 것 같-	○	○	○	○
2	-은/는/을 듯이				○
3	-은/는/을 듯하-		○		
4	-은/는/을 듯싶-			○	
5	-은/는/을 모양이-		○	○	○
6	-은/는/을지 모르-	○	○	○	○
7	-을 것이-	○	○	○	
8	-을 성싶-		○		
9	-을 터이-	○	○	○	○
10	-아/어/여 보이-		○	○	
11	-은/는가 보-	○	○	○	○
12	-은/는가 싶-	○			
13	-나 보-	○	○	○	○
14	-을까 보-	○	○	○	○
15	-을까 하-		○		
16	-겠-	○	○	○	○
17	-은/는지			○	○
18	-을까	○	○		○
19	-을걸		○	○	○

저자 **이상숙**(LEE Sang Suk)

한양대학교 문학박사(국어학)
한양대학교 교육학석사(외국인을 위한 한국어 교육)
현) Ca'Foscari University of Venice(이탈리아) 외래교수

〈주요 경력〉
Ca'Foscari University of Venice (이탈리아)
Università Cattolica del Sacro Cuore (이탈리아)
Yanbian University of Science and Technology (중국)
한양대학교 국제교육원 한국어 강의
중앙대학교 언어교육원 한국어 강의
한양대 중국센터 한국어 강의
중국 상하이 한국문화원 한국어 강의

한국어 교육용 추측 표현

초판 1쇄 인쇄 2024년 6월 20일
초판 1쇄 발행 2024년 7월 10일

저   자 이상숙
펴 낸 이 이대현

편   집 이태곤 권분옥 임애정 강윤경
디 자 인 안혜진 최선주 이경진
마 케 팅 박태훈 한주영

펴 낸 곳 도서출판 역락
주   소 서울시 서초구 동광로 46길 6-6(반포4동 문창빌딩 2F)
전   화 02-3409-2060(편집부), 2058(영업부)
팩   스 02-3409-2059
등   록 1999년 4월 19일 제303-2002-000014호
이 메 일 youkrack@hanmail.net
역락홈페이지 http://www.youkrackbooks.com

I S B N   979-11-6742-836-3 93710